COME SCONFIGGERE L'ANSIA

LA GUIDA COMPLETA ALLA CONSAPEVOLEZZA PER CONTROLLARE ANSIA, DEPRESSIONE, ATTACCHI DI PANICO ED ELIMINARE IL PENSIERO NEGATIVO E LE CATTIVE ABITUDINI

MATTIA PONZO

DISCLAIMER

Questo libro non ha la pretesa di sostituire il consiglio medico. Si raccomanda al lettore di consultare regolarmente un professionista della salute per qualsiasi questione relativa al proprio benessere, in particolare per eventuali sintomi che possano richiedere diagnosi o cure mediche.

Le informazioni fornite in questo libro sono puramente a scopo informativo generale. Pur impegnandoci a mantenere tali informazioni aggiornate e corrette, non sono fornite dichiarazioni o garanzie, esplicite o implicite, in merito alla completezza, precisione, affidabilità, idoneità o disponibilità riguardo alle informazioni, prodotti, servizi o grafiche correlate presenti in questo libro, per qualsivoglia scopo.

L'utilizzo di tali informazioni avviene a proprio rischio. I metodi descritti in questo libro rappresentano le opinioni dell'autore e non devono essere considerati come una serie definitiva di istruzioni per un determinato progetto. Potrebbe emergere la possibilità di utilizzare altri metodi e materiali per ottenere risultati simili.

INDICE

Introduzione vii

CAPITOLO 1: SEGNI E SINTOMI DELL'ANSIA

Sintomi fisici dei disturbi d'ansia 3

Sintomi comportamentali di chi soffre d'ansia 17

Sintomi emotivi di chi soffre d'ansia 22

Sintomi cognitivi di chi soffre d'ansia 30

Sintomi psicologici di chi soffre d'ansia 32

Capitolo 2: Manifestazioni e cause dei disturbi d'ansia 37

Capitolo 3: Ansia sana e malsana 45

Capitolo 4: Cose nella tua vita che ti trattengono 58

Capitolo 5: Approcci cognitivo-comportamentali 71

Capitolo 6: Esercizi e attività per l'elaborazione dell'ansia 89

Capitolo 7: Monitorare i progressi dei propri obiettivi 97

Capitolo 8: Come semplificare la tua vita 103

Capitolo 9: Lascia andare il passato 115

Capitolo 10: Guida per adolescenti contro l'ansia 129

Capitolo 11: Guida per adulti contro l'ansia 135

Conclusioni 144

Il tuo bonus! 148

INTRODUZIONE

L'ansia è innescata da diversi fattori e viene espressa tramite una vasta gamma di sintomi. Questi possono comprendere componenti comportamentali, cognitive ed emotive. Questa è la ragione per cui si può chiedere a un gruppo di individui di raccontare la propria esperienza e comprensione dell'ansia e ottenere spiegazioni e definizioni diverse di ciò che significa per loro essere in ansia.

L'ansia si verifica spesso con la depressione, talmente spesso che molti le considerano parti dello stesso disturbo. Come la depressione, l'ansia si manifesta più nelle donne che negli uomini, in una percentuale quasi raddoppiata.

I disturbi d'ansia si riassumono in un gruppo di condizioni correlate ed essa può manifestarsi in maniera molto diversa da persona a persona. Tutti i disturbi d'ansia condividono una paura o una preoccupazione persistente o grave, anche in circostanze in cui la maggior parte delle persone non si sentirebbe minacciata.

Le persone si differenziano per la frequenza e l'intensità con cui provano l'ansia e per la sua durata. La maggior parte delle persone considera l'ansia normale e ha imparato a conviverci nel momento in cui si manifesta. Un grado ordinario di ansia fa parte della nostra esperienza umana quotidiana.

Sfortunatamente, altri individui provano un'ansia a un livello talmente elevato che questo provoca loro un grande disagio e può compromettere il loro benessere. Questo può influire su diverse aree vitali della vita di una persona, come l'occupazione, gli studi e le relazioni. Quando l'ansia arriva al livello in cui inizia a essere angosciante ed interferisce con il benessere, allora si può iniziare a parlare di un disturbo d'ansia.

I disturbi d'ansia sono più diffusi di qualsiasi altro tipo di disturbo mentale. È stato rivelato attraverso uno studio che il 5,6% degli Italiani è affetto da disturbi d'ansia generalizzata, attacchi di panico e paure o specifici disturbi fobici. Tali disturbi possono essere innescati da fattori genetici, condizioni ambientali, tratti psicologici o condizioni fisiche. L'ansia può causare vertigini, aumento del battito cardiaco o mancanza di respiro.

La buona notizia è che ci sono esperti in questo campo in grado di comprendere, diagnosticare e trattare i problemi di ansia e i loro disturbi. A questo punto, una diagnosi accurata è importante perché il trattamento sarà diverso per ogni persona. Oltre a questo, i disturbi d'ansia devono essere distinti dall'ansia normale che non richiede alcun trattamento. Dopo che un disturbo d'ansia è stato accuratamente diagnosticato, diverse terapie come la psicoterapia o la terapia farmacologica possono essere utilizzate per trattare il disturbo per la maggior parte delle persone.

Tutti sperimentano l'ansia a un certo punto della loro vita. È una reazione comune a situazioni di stress. Nella maggior parte dei casi, può essere uno strumento utile. I riflessi sono accelerati, l'attenzione è iper-focalizzata, la frequenza cardiaca aumenta e il corpo è pronto ad agire immediatamente. L'ansia normale risponde a una minaccia immediata e svanisce una volta passato il pericolo. Tuttavia, per chi soffre di disturbi d'ansia, questo accade più frequentemente e più intensamente di quanto dovrebbe.

Ai tempi dei cosiddetti uomini delle caverne, l'ansia era particolarmente utile. Metteva il corpo e il cervello in modalità "lotta o fuga", indirizzando le risorse del corpo dall'attività cognitiva ai muscoli e al cuore.

Questa è stata la chiave per fuggire o per evitare una minaccia mortale. Purtroppo per molti di noi, il cervello risponde in modo simile alle cose che oggi percepisce come pericolose. Raramente, però, siamo inseguiti da una tigre dai denti a sciabola: i nostri pericoli sono minacce più percepite, idee più astratte che possono non ferirci fisicamente, ma che potrebbero danneggiarci mentalmente.

Il cervello è un organo affascinante che può fare calcoli complessi in pochi millisecondi. Non appena riceve qualche tipo di stimolo, decide se si tratta o meno di una minaccia. Se lo è, la piccola sezione chiamata amigdala si attiva prima ancora che il pensiero sia registrato. Questo è ciò che rifiuta la funzione cognitiva, mentre aumenta le funzioni fisiche per una situazione di lotta o di fuga.

Se il cervello non vede una minaccia, invia le informazioni all'ippocampo per essere elaborato come un pensiero. A causa di tutto il lavoro che deve fare, a volte il cervello cerca delle scorciatoie. Queste scorciatoie sono spesso l'inizio dell'eccesso di ansia. Con i disturbi d'ansia, le esperienze o i pensieri del passato modificano erroneamente lo scenario attuale.

Si potrebbe pensare che alcune delle reazioni poco sopra descritte suonino familiari, ma parliamo di come vengono vissute in una situazione quotidiana. Mentalmente, l'ansia porta con sé pensieri veloci, un senso di paura o di terrore, preoccupazioni che sembrano impossibili da controllare, panico, la sensazione di perdere il controllo, un senso di destino imminente, irritabilità e, a volte, un senso di distacco da sé.

Fisicamente, si potrebbe provare una sensazione di mancanza di respiro, battito cardiaco accelerato, sudorazione, brividi o vampate di calore, sudorazione, nausea o altri disturbi di stomaco, vertigini o stordimento, interpidimento, sensazione di soffocamento e dolore al petto. Tutto questo può accadere quando l'ansia è elevata e colpisce durante gli attacchi di panico.

I disturbi d'ansia scatenano questi sintomi in caso di minacce percepite causate da false credenze o ipotesi. A chi è soggetto, questo succede più frequentemente, con maggiore intensità e per periodi di tempo più lunghi rispetto a chi non soffre di questo disturbo. L'ansia è incontrollabile e chi ne soffre ha spesso la sensazione di perdere il controllo e questo porta ad una maggiore ansia creando un circolo vizioso. Più i sintomi si manifestano, più è difficile rompere il cerchio. Questo la rende una malattia mentale particolarmente difficile da curare.

CAPITOLO 1: SEGNI E SINTOMI DELL'ANSIA

Quando ci si trova ad affrontare il percorso di un disturbo d'ansia, spesso si fa strada attraverso il labirinto di scelte terapeutiche. È interessante notare come coloro che ricevono questa diagnosi siano inclini a cercare aiuto da terapisti, con una probabilità di tre a cinque volte superiore rispetto a chi non condivide questa esperienza. Inoltre, l'idea di un ricovero in una struttura specializzata diventa sei volte più concreta per coloro che convivono con un disturbo d'ansia.

Questi disturbi non sono semplici intrusi nella nostra mente, ma possono gettare un'ombra lunga sulla salute mentale, aprendo la porta alla possibilità di una stretta alleanza con la depressione. Non è raro assistere a una diagnosi concomitante di ansia e depressione, complicando ulteriormente il quadro clinico e richiedendo un approccio terapeutico diversificato.

La vastità dell'esperienza legata all'ansia è evidente nei sintomi che coinvolgono tutti gli aspetti dell'essere umano: i sentimenti, i pensieri, le sensazioni fisiche e i comportamenti. È importante sottolineare che l'ansia è un'emozione estremamente personale, creando un terreno dove ogni individuo la percepisce in modo unico. Questa diversità implica che persone differenti possono non solo manifestare sintomi diversi, ma anche percepirli con intensità variabile.

I sintomi dell'ansia si dipanano in tre dimensioni fondamentali: la sfera fisica, che può tradursi in palpitazioni, tremori, tensione muscolare e disturbi gastrointestinali; la dimensione comportamentale, caratterizzata da strategie di evitamento o comportamenti ripetitivi; infine, il versante cognitivo, dove si affrontano pensieri catastrofici, ipervigilanza e difficoltà di concentrazione.

Riconoscere questa varietà di esperienze è vitale, poiché modella la percezione e l'approccio terapeutico. In questo contesto, il sostegno di professionisti della salute mentale svolge un ruolo fondamentale, offrendo un supporto personalizzato, agevolando la comprensione dei sintomi e promuovendo strategie di gestione adatte, al fine di migliorare il benessere complessivo.

SINTOMI FISICI DEI DISTURBI D'ANSIA

I sintomi fisici dell'ansia si manifestano attraverso le sensazioni che sperimentiamo nel nostro corpo.

Palpitazioni e accelerazione del battito cardiaco

Il battito accelerato rappresenta una risposta fisiologica associata all'ansia, risultato dell'attivazione del sistema nervoso simpatico. Questo sistema regola la frequenza cardiaca e interagisce con gli ormoni dello stress, come il cortisolo e gli ormoni adrenalinici, giocando un ruolo chiave in questo processo.

Quando ci si trova di fronte a situazioni stressanti, le ghiandole surrenali rilasciano maggiori quantità di cortisolo e adrenalina nel corpo. Questi ormoni stimolano i recettori cardiaci, provocando un aumento del battito cardiaco. Questa risposta è parte integrante del meccanismo di "combattimento o fuga", preparando il corpo ad affrontare o sfuggire a una minaccia percepita.

Nel contesto dell'ansia, l'accelerazione del battito cardiaco può generare un aumento del nervosismo. La percezione del cuore che batte più velocemente può contribuire a creare un circolo vizioso, alimentando ulteriormente lo stato di ansia. È importante comprendere che questo meccanismo rappresenta una risposta naturale allo stress, ma quando si manifesta in modo eccessivo o prolungato, può diventare problematico.

Per gestire questa risposta fisiologica, è utile adottare tecniche di respirazione profonda, praticare il rilassamento muscolare e sviluppare la consapevolezza del corpo. Queste pratiche possono contribuire a regolare la risposta fisiologica e a ridurre il battito cardiaco, offrendo strumenti pratici per affrontare l'ansia.

Difficoltà respiratorie: Sensazione di mancanza d'aria o respiro affannoso

Nel contesto di una situazione stressante, il corpo attiva il sistema nervoso simpatico, innescando una serie di risposte fisiologiche per prepararsi a fronteggiare la sfida. Durante questa fase di risposta allo stress, le ghiandole surrenali rilasciano ormoni come il cortisolo e l'adrenalina, stimolando il cuore e incrementando la frequenza respiratoria. L'obiettivo è fornire una maggiore quantità di ossigeno alle cellule del corpo, migliorando la prontezza fisica e mentale per affrontare la situazione stressante.

Tuttavia, quando questa risposta allo stress è intensa o prolungata, la respirazione può diventare irregolare. Respirare troppo velocemente può alterare l'equilibrio tra l'ossigeno e l'anidride carbonica nel corpo, generando la sensazione di mancanza d'aria e avviando un ciclo in cui la percezione di difficoltà respiratorie può alimentare ulteriormente l'ansia.

Per gestire efficacemente questi sintomi, risulta utile adottare tecniche di respirazione consapevole e controllata. Respirare lentamente e profondamente, coinvolgendo il diaframma e consentendo all'addome di espandersi durante l'inspirazione, favorisce un migliore scambio gassoso e contribuisce a ristabilire l'equilibrio naturale.

Mancanza di energia o stanchezza: Sensazione di affaticamento anche senza sforzo fisico significativo

In questo stato, il corpo rimane costantemente in uno stato di massima allerta, principalmente a causa dell'aumento prolungato dei livelli di ormoni dello stress, come il cortisolo e l'adrenalina.

Quando si vive in uno stato ansioso prolungato, il sistema nervoso simpatico rimane attivato in modo persistente, mantenendo il corpo in uno stato di iperarousal. Questo costante stato di allerta può comportare una continua richiesta di energia, lasciando l'individuo con una sensazione di stanchezza e affaticamento costante.

Il ciclo ansia-stanchezza può diventare un circolo vizioso: l'ansia costante richiede un continuo rilascio di energie, che a sua volta può contribuire all'esaurimento fisico e mentale. La fatica può influire negativamente sulla qualità del sonno, creando un altro elemento che alimenta il ciclo, poiché il riposo insufficiente può ulteriormente compromettere la capacità di affrontare lo stress quotidiano.

La pratica di tecniche di rilassamento, come la meditazione o il rilassamento muscolare progressivo, può contribuire a ridurre l'attivazione del sistema nervoso e migliorare la gestione dello stress. Inoltre, stabilire una routine di sonno regolare e adottare uno stile di vita sano, che includa una dieta equilibrata e l'esercizio fisico regolare, può promuovere il riposo e migliorare i livelli complessivi di energia.

Mancanza di sonno: Insonnia e sonnolenza cronica

Nel contesto dell'ansia, il processo di addormentarsi può trasformarsi in una sfida poiché il corpo si trova in uno stato continuo di attivazione, principalmente a causa degli elevati livelli di ormoni, come cortisolo e adrenalina.

Questi ormoni dello stress svolgono un ruolo chiave nel mantenere il corpo in uno stato di allerta, rendendo difficile il rilassamento e il passaggio a uno stadio di sonno profondo. La persistente attivazione del sistema nervoso simpatico può generare una sensazione di iperarousal, ostacolando la transizione da uno stato di veglia a uno di sonno tranquillo.

L'ansia è frequentemente accompagnata da pensieri intrusivi e preoccupazioni che persistono durante la notte, instaurando un ciclo negativo. Questi pensieri possono riguardare le preoccupazioni quotidiane o essere direttamente collegati alle fonti di ansia sperimentate durante il giorno. Il ciclo ansia-sonno-ansia può diventare auto-perpetuante, poiché la mancanza di sonno può alimentare ulteriormente lo stato ansioso.

La creazione di una routine di sonno regolare, con orari prestabiliti per il riposo e pratiche di rilassamento prima di coricarsi, può favorire un ambiente propizio al sonno. Limitare gli stimoli stressanti prima di dormire e creare un ambiente di riposo confortevole sono altrettanto cruciali.

Dolori muscolari e tensione: Contrazioni muscolari, specialmente nella zona delle spalle, collo e schiena

Questa risposta fisica spesso si manifesta come tensione muscolare durante episodi di ansia o stress, quando il sistema nervoso simpatico è attivato.

Le contrazioni muscolari possono scaturire come risposta automatica del corpo a una possibile minaccia. Tuttavia, quando l'ansia diventa cronica o eccessiva, la tensione muscolare può persistere, causando disagio fisico e contribuendo ulteriormente all'ansia stessa.

I muscoli delle spalle, del collo e della schiena sono particolarmente inclini a tensioni e contrazioni a causa dello stress emotivo. Questi sintomi possono variare da una sensazione generale di rigidità a fitte dolorose.

Il rilassamento muscolare progressivo, che implica il rilassamento consapevole dei singoli gruppi muscolari, può contribuire a ridurre la tensione. La terapia fisica o il massaggio possono rappresentare opzioni utili per alleviare i dolori muscolari associati all'ansia. L'esercizio fisico regolare, come lo yoga o la camminata, può favorire il rilassamento muscolare e ridurre la tensione complessiva.

Sudorazione eccessiva: Aumento della sudorazione, specialmente nelle mani o sulla fronte

Questo fenomeno spesso si lega alla risposta "combattimento o fuga" del sistema nervoso, attivato in situazioni percepite come minacciose o stressanti. La sudorazione eccessiva può risultare spiacevole e imbarazzante, portando a mani umide, sensazioni scivolose o persino macchie di sudore visibili sulla fronte. Questo sintomo deriva dalla stimolazione delle ghiandole sudoripare da parte del sistema nervoso simpatico, attivato durante periodi di ansia o tensione.

È interessante notare che la sudorazione eccessiva può innescare un circolo vizioso: l'ansia può causare sudorazione, e la consapevolezza di sudare può aumentare l'ansia. Questo ciclo può persistere, contribuendo al mantenimento del disturbo d'ansia.

Le tecniche di gestione dello stress, come la respirazione profonda, la mindfulness o il rilassamento muscolare progressivo, possono aiutare a ridurre l'ansia e, di conseguenza, la sudorazione eccessiva. Inoltre, l'esercizio fisico regolare può essere utile nel mantenere un equilibrio emotivo.

Tremori e scosse: Movimenti involontari delle mani o di altre parti del corpo

Questi fenomeni si manifestano attraverso movimenti involontari delle mani o di altre parti del corpo, con variazioni di intensità e durata. Le persone che vivono ansia possono sperimentare tremori leggeri fino a scosse più evidenti, spesso accompagnate da una sensazione di debolezza muscolare.

Questi tremori possono derivare dall'attivazione del sistema nervoso simpatico, coinvolto nella risposta "combattimento o fuga". Quando l'ansia è elevata, il corpo può reagire generando tensione muscolare e contrazioni e manifestandosi attraverso i tremori.

È essenziale notare che i tremori associati all'ansia differiscono da quelli legati a condizioni neurologiche. Nel contesto dell'ansia, i tremori sono spesso temporanei e legati a situazioni stressanti o ansiose, più evidenti durante periodi di maggiore stress emotivo.

Essere consapevoli di questi sintomi è fondamentale per comprendere la connessione tra lo stato emotivo e le manifestazioni fisiche. La gestione dell'ansia attraverso tecniche di rilassamento e mindfulness può contribuire a ridurre l'incidenza di questi tremori.

Secchezza delle fauci: Sensazione di bocca secca o sete intensa

La secchezza delle fauci rappresenta un sintomo fisico spesso connesso ai disturbi d'ansia. Si manifesta attraverso la sensazione di avere la bocca secca o una sete intensa, anche in assenza di una reale carenza di liquidi nel corpo. Questo sintomo può contribuire a un generale senso di disagio e può derivare da vari meccanismi associati all'ansia.

Durante episodi di ansia, il sistema nervoso simpatico può essere attivato, portando a diverse reazioni fisiologiche, tra cui una diminuzione della produzione di saliva. Questa riduzione può generare la sensazione di secchezza, influenzando negativamente la capacità di deglutire e di percepire il gusto.

In aggiunta, l'ansia può influenzare i comportamenti legati all'assunzione di liquidi. Alcune persone, in risposta all'ansia, potrebbero bere meno acqua del necessario, contribuendo così alla sensazione di bocca secca. Questo ciclo può accentuare il disagio ed è un aspetto importante da affrontare nella gestione dell'ansia.

La secchezza delle fauci può essere affrontata con alcune strategie. Mantenere un'adeguata idratazione è fondamentale, bevendo a sufficienza durante il giorno. Inoltre, praticare tecniche di gestione dello stress, come la meditazione, la respirazione profonda o il rilassamento muscolare, può contribuire a ridurre l'ansia e, di conseguenza, la secchezza delle fauci.

Mal di testa: Dolore alla testa, spesso associato a tensione muscolare

Questo tipo di mal di testa è spesso legato a tensioni muscolari e può variare da una sensazione di pressione o pesantezza a un dolore più pulsante o lancinante.

La tensione muscolare causata dall'ansia può coinvolgere la muscolatura del collo, delle spalle e della testa, contribuendo allo sviluppo del mal di testa. La contrazione prolungata di questi muscoli può generare una sensazione dolorosa che si irradia dalla nuca fino alla parte frontale o temporale della testa.

La gestione del mal di testa associato all'ansia può includere diverse strategie. Il rilassamento muscolare progressivo, l'esercizio fisico regolare e le tecniche di gestione dello stress, come la respirazione profonda e la meditazione, possono contribuire a ridurre la tensione muscolare e alleviare il mal di testa.

La postura e l'ergonomia svolgono un ruolo importante nella prevenzione della tensione muscolare. Mantenere una postura corretta, specialmente durante lunghe sessioni di lavoro o studio, può contribuire a prevenire la comparsa di tensione muscolare che contribuisce al mal di testa.

L'assunzione eccessiva di caffeina o altri stimolanti può influire negativamente sulla frequenza e sull'intensità dei mal di testa associati all'ansia. Una dieta equilibrata, l'idratazione adeguata e regolari periodi di riposo possono contribuire a mantenere il benessere generale e a ridurre la suscettibilità ai mal di testa.

Disturbi gastrointestinali: Problemi allo stomaco, come nausea, crampi addominali, diarrea o stitichezza

Questi problemi possono manifestarsi con sintomi quali nausea, crampi addominali, diarrea o stitichezza, causando notevole disagio per chi li sperimenta.

L'ansia può influenzare direttamente il sistema digestivo, stimolando il sistema nervoso enterico, spesso definito il "secondo cervello" dell'organismo, responsabile delle funzioni intestinali. Questa connessione mente-corpo può portare a variazioni nella motilità intestinale, nella secrezione di succhi gastrici e nella percezione del dolore, contribuendo così ai disturbi gastrointestinali.

La nausea è una sensazione di malessere allo stomaco,

spesso accompagnata da una propensione al vomito, e può essere innescata dall'ansia. I crampi addominali possono manifestarsi come dolore sordo o acuto nella zona dello stomaco, causato dalla contrazione muscolare e dall'alterazione delle funzioni digestive. La diarrea e la stitichezza possono essere il risultato delle variazioni nella motilità intestinale indotte dall'ansia.

La gestione dei disturbi gastrointestinali associati all'ansia può coinvolgere diversi approcci. La regolazione dello stress attraverso tecniche di rilassamento, la mindfulness e la terapia cognitivo-comportamentale possono contribuire a ridurre l'impatto dell'ansia sul sistema digestivo. Una dieta equilibrata, ricca di fibre e povera di cibi irritanti, può anche aiutare a stabilizzare la funzione intestinale.

L'importanza di mantenere una buona idratazione è cruciale per prevenire la disidratazione, specialmente in caso di diarrea. Se i sintomi gastrointestinali persistono o diventano gravi, è consigliabile consultare un professionista gastroenterologo per una valutazione più approfondita e un trattamento mirato.

Vertigini e sensazione di svenimento: Sensazione di testa leggera o instabilità

In presenza di ansia, è comune sperimentare una serie di sintomi che possono amplificare la sensazione generale di disagio e preoccupazione per la propria salute. La sensazione di testa leggera, per esempio, può manifestarsi come un'instabilità o una percezione di debolezza nella testa, mentre le vertigini portano con sé una sensazione di movimento o rotazione dell'ambiente circostante, un vero e proprio "capogiro".

È importante comprendere che questi sintomi possono essere scatenati dalla risposta del sistema nervoso simpatico, il quale può influenzare la pressione sanguigna e la circolazione. L'ansia, a sua volta, può giocare un ruolo significativo nell'insorgenza di vertigini e sensazioni di svenimento attraverso diversi meccanismi. Durante attacchi di ansia, ad esempio, l'iperventilazione è comune e può alterare i livelli di ossigeno e anidride carbonica nel sangue, influenzando così la circolazione e generando vertigini.

È rassicurante sapere che esistono approcci che possono alleviare questi sintomi. La pratica di tecniche di respirazione controllata può contribuire a prevenire l'iperventilazione, stabilizzando i livelli di ossigeno nel sangue. L'esercizio fisico regolare, se adeguato alla propria condizione di salute, può svolgere un ruolo positivo nel migliorare la circolazione sanguigna e nel ridurre la sensazione di testa leggera.

Intorpidimento o formicolio: Sensazione di pizzicore o formicolio nelle mani o nei piedi

Questi sintomi spesso si manifestano come risultato della risposta del sistema nervoso allo stress o all'ansia. Durante momenti di ansia, il sistema nervoso simpatico può essere attivato, portando a cambiamenti nella circolazione sanguigna e a quella sensazione particolare di parestesia, che si traduce in formicolio, pizzicore o intorpidimento. Questa reazione fisiologica può coinvolgere la compressione temporanea dei nervi o alterazioni nella trasmissione degli impulsi nervosi.

La sensazione di intorpidimento o formicolio può localizzarsi in diverse parti del corpo, come mani, piedi o altre zone. Può essere un fenomeno temporaneo o persistente, generando spesso un aumento dell'ansia, poiché chi ne è affetto potrebbe interpretarlo come un segnale di un problema fisico serio.

Per gestire questi sintomi, esistono vari approcci. Ridurre l'ansia attraverso tecniche di rilassamento, come la meditazione o il rilassamento muscolare progressivo, può contribuire a alleviare la tensione associata all'intorpidimento o al formicolio. Inoltre, l'esercizio fisico regolare può promuovere la circolazione sanguigna, contribuendo al benessere generale.

È di estrema importanza sottolineare che la valutazione medica è cruciale per escludere altre possibili cause fisiche di intorpidimento o formicolio. Pur essendo spesso collegati all'ansia, è fondamentale consultare un professionista della salute per escludere eventuali problematiche sottostanti e garantire un trattamento adeguato.

Iperattività: Restless legs o incapacità di stare fermi

Questa condizione si caratterizza per una sensazione di agitazione o impazienza che porta a un continuo bisogno di muoversi o cambiare posizione.

Il "restless legs syndrome" (sindrome delle gambe senza riposo) è un esempio specifico di iperattività, caratterizzato da una sensazione spiacevole nelle gambe che induce il desiderio incontrollabile di muoverle. Questa sensazione è spesso descritta come pizzicore, formicolio o una sensazione di bruciore, e può diventare più evidente durante periodi di riposo o inattività, come durante la notte.

L'incapacità di stare fermi è un sintomo che può essere generalizzato a tutto il corpo, non limitandosi alle gambe. Chi soffre di ansia può sperimentare un'agitazione costante, il desiderio irrefrenabile di muoversi o la difficoltà a mantenere una posizione statica.

Questi sintomi possono essere il risultato della tensione muscolare e dell'iperattivazione del sistema nervoso simpatico, che è coinvolto nella risposta "combattimento o fuga". L'ansia può contribuire a mantenere elevati i livelli di attivazione del sistema nervoso, influenzando così il controllo motorio e la sensazione di agitazione.

Il rilassamento muscolare progressivo o la meditazione,

possono contribuire a ridurre la tensione muscolare e l'agitazione. L'adozione di uno stile di vita sano, che comprende una dieta equilibrata, esercizio fisico regolare e un adeguato riposo, può anche contribuire a mantenere il benessere generale.

Brividi o vampate di calore: Sensazioni di freddo o caldo improvviso

Questa situazione si manifesta attraverso una sensazione di agitazione o impazienza che spinge a un costante desiderio di muoversi o cambiare posizione. Il "restless legs syndrome" (sindrome delle gambe senza riposo) rappresenta un esempio specifico di questa iperattività, caratterizzato da una sensazione sgradevole nelle gambe che provoca un irresistibile bisogno di muoverle. Questa sensazione, spesso descritta come pizzicore, formicolio o bruciore, può diventare più intensa durante i momenti di riposo o di inattività, come durante la notte.

L'incapacità di rimanere immobili può coinvolgere l'intero corpo, non limitandosi solo alle gambe. Per chi vive con l'ansia, questa costante agitazione, il desiderio incontrollabile di muoversi o la difficoltà a mantenere una posizione statica possono diventare sintomi familiari.

Questi sintomi possono originare dalla tensione muscolare e dall'iperattivazione del sistema nervoso simpatico, coinvolto nella risposta "combatti o fuggi". L'ansia può contribuire a mantenere elevati i livelli di attivazione del sistema nervoso, influenzando il controllo motorio e alimentando la sensazione di agitazione.

Attuare pratiche come il rilassamento muscolare progressivo o la meditazione può essere un passo verso la riduzione della tensione muscolare e dell'agitazione. Abbracciare uno stile di vita sano, che includa una dieta equilibrata, regolare attività fisica e un adeguato riposo, può altresì contribuire al mantenimento del benessere generale.

Dolore toracico: Sensazione di oppressione o dolore al petto, spesso confusa con problemi cardiaci

Questo sintomo può suscitare una preoccupazione significativa, poiché spesso viene erroneamente associato a problemi cardiaci. La sensazione di oppressione al petto può essere descritta come una pressione sottostante o una pesantezza che può irradiarsi in diverse direzioni, coinvolgendo braccia, spalle o collo. Questo tipo di disagio può facilmente essere scambiato con il dolore toracico di origine cardiaca, e la paura di un problema al cuore può alimentare ulteriormente l'ansia.

Il dolore toracico legato all'ansia è frequentemente il risultato della tensione muscolare nella regione del torace, scatenata dall'attivazione del sistema nervoso simpatico durante episodi di ansia. La risposta "combatti o fuggi" può determinare una contrazione dei muscoli toracici, dando luogo alla sensazione di dolore o oppressione.

È cruciale sottolineare che, anche se il dolore toracico è un sintomo comune nei disturbi d'ansia, è fondamentale escludere altre possibili cause fisiche, come problemi cardiaci, attraverso una valutazione medica appropriata. Consultare un medico è essenziale per comprendere la natura del dolore e garantire che non sia collegato a condizioni mediche più gravi.

In conclusione, le espressioni fisiche legate all'ansia variano ampiamente da persona a persona e sono plasmate da diversi fattori, tra cui la severità dell'ansia, la frequenza degli episodi e le caratteristiche individuali. È di vitale importanza comprendere che l'ansia non si limita al solo ambito mentale, ma può manifestarsi anche attraverso il corpo.

Tutti questi sintomi scaturiscono da cambiamenti fisiologici che avvengono nell'organismo in risposta a uno stato di lotta o fuga. Tuttavia, il nostro corpo non fa distinzione tra l'ambiente circostante e una minaccia immaginaria o anticipata nel futuro, cioè tra la paura e l'ansia. Riconoscere questi segnali rappresenta il primo passo verso una comprensione più profonda e una gestione efficace dell'ansia.

La consulenza con un professionista della salute è fondamentale non solo per escludere possibili cause mediche sottostanti, ma anche per sviluppare un piano di trattamento personalizzato mirato al benessere generale dell'individuo. È un percorso che dovrebbe essere intrapreso con compassione e attenzione, poiché ogni individuo è unico nella sua esperienza e nel suo modo di affrontare l'ansia.

SINTOMI COMPORTAMENTALI DI CHI SOFFRE D'ANSIA

Questi sintomi comportamentali sono correlati alle azioni compiute o evitate da una persona durante episodi d'ansia.

Comportamenti da evitare

Il ricorso all'evitamento rappresenta una reazione comune all'ansia e può assumere diverse forme, lasciando un'impronta significativa sulla vita quotidiana di chi ne è affetto. Quando una persona si trova ad affrontare l'ansia in particolari situazioni, è probabile che cerchi attivamente di evitarle, sperando così di ridurre il disagio emotivo associato.

Ad esempio, chi prova ansia durante le riunioni sociali potrebbe decidere consapevolmente di evitare partecipazioni a eventi in cui è necessario interagire con gli altri. Questo atteggiamento può estendersi al rifiuto di frequentare luoghi affollati o situazioni sociali che potrebbero generare ansia. L'individuo potrebbe anche limitare le attività che coinvolgono interazioni sociali, preferendo contesti più controllati o isolati.

In situazioni in cui è presente una paura specifica, come

quella di un ascensore, la persona potrebbe attivamente evitare di utilizzarlo, scegliendo al suo posto le scale. Questo comportamento di evitamento rappresenta una strategia di coping finalizzata a minimizzare il rischio percepito e a ridurre l'intensità dell'ansia.

Tuttavia, è importante sottolineare che il comportamento di evitare può avere conseguenze negative a lungo termine. Nonostante possa temporaneamente attenuare l'ansia, può altresì limitare le opportunità di crescita personale e la partecipazione a esperienze significative. Inoltre, l'evitamento può contribuire a rafforzare la percezione di pericolo associata a determinate situazioni, contribuendo a mantenere l'ansia nel tempo.

Fuggire

La scelta di allontanarsi rappresenta un altro comportamento diffuso come reazione all'ansia, caratterizzato dal desiderio di sganciarsi rapidamente da una situazione che provoca disagio emotivo. Quando ci si trova di fronte a una situazione ansiosa, l'istintivo desiderio di fuggire può diventare irresistibile, spingendo l'individuo a cercare immediatamente rifugio in luoghi o condizioni considerati sicuri.

Un esempio può essere quando una persona ha una forte paura di luoghi affollati e, di conseguenza, cerca di fuggire da una piazza o da un luogo simile, dove si trova una grande folla. Questo atto di fuga si basa sulla necessità di ridurre la sensazione di pericolo percepito e il disagio legato all'ansia.

Tuttavia, è importante comprendere che l'utilizzo della fuga come strategia di coping può avere conseguenze a lungo termine. Sebbene possa temporaneamente portare a un sollievo immediato, può altresì contribuire a rafforzare la paura e l'ansia associate a determinate situazioni, creando un ciclo di evitamento che limita le esperienze e le opportunità di crescita personale.

Impegnarsi in attività malsane

L'adozione di comportamenti malsani emerge come un altro modo con cui alcune persone affrontano l'ansia. In particolare, chi vive livelli significativi di ansia può ricorrere a comportamenti a rischio o autodistruttivi nel tentativo di trovare un sollievo temporaneo o di eludere momentaneamente il disagio emotivo.

Tra queste strategie, il consumo eccessivo di alcol e l'abuso di droghe emergono come due delle vie più comuni. L'alcol e le sostanze psicoattive possono offrire un temporaneo sollievo dai sintomi dell'ansia, creando una sensazione di rilassamento o distrazione. Tuttavia, è importante sottolineare che tali comportamenti rappresentano soluzioni a breve termine e possono portare a gravi conseguenze sulla salute fisica e mentale nel corso del tempo.

L'uso di sostanze come mezzo per affrontare l'ansia può innescare un ciclo pericoloso in cui l'individuo sviluppa una dipendenza dalla sostanza come modo di gestire l'ansia quotidiana. Questo può portare a un deterioramento della salute mentale e fisica, oltre a causare problemi nelle relazioni e nell'ambito lavorativo.

Limitare i propri programmi

La decisione di limitare i propri programmi emerge come un comportamento di adattamento spesso scelto da alcune persone per gestire l'ansia. Questo si evidenzia quando gli individui sentono la necessità di ridurre la loro partecipazione alle attività quotidiane e di circoscrivere gli ambienti o le situazioni che possono scatenare l'ansia, cercando così di creare uno spazio di comfort e sicurezza preferendo contesti noti e familiari.

Un esempio concreto può essere quando qualcuno sperimenta ansia in situazioni sociali o in luoghi affollati; in tal caso, potrebbe scegliere di limitare le interazioni sociali e di evitare luoghi pubblici come centri commerciali o eventi sociali. Tuttavia, è essenziale comprendere che questa scelta comporta svantaggi significativi a lungo termine. La restrizione delle attività quotidiane può impattare sulla qualità della vita e sulla partecipazione sociale, limitando le opportunità di crescita personale e professionale. Inoltre, può contribuire a mantenere e rafforzare la paura associata a determinate situazioni, alimentando un ciclo di evitamento che può risultare complesso da interrompere.

Attaccamento a una persona o a un oggetto di sicurezza

L'attaccamento a una persona o a un oggetto di sicurezza rappresenta un comportamento che può emergere quando l'ansia esercita una forte influenza su una persona. In questa situazione, si sviluppa una dipendenza psicologica da una figura o da un oggetto specifico, percepito come fonte di comfort e sicurezza. Questo legame può diventare così potente che l'individuo cerca costantemente la presenza di questa figura o oggetto, mostrando una notevole resistenza a separarsene.

Per esempio, se una persona che lotta con l'ansia identifica una specifica persona di fiducia o un oggetto particolare come fonte di tranquillità, potrebbe evitare di lasciare la propria abitazione o di frequentare luoghi come la scuola, cercando di rimanere in stretto contatto con la figura o l'oggetto di sicurezza. Questo comportamento di attaccamento può interferire significativamente con la routine quotidiana e creare difficoltà nella gestione delle attività normali.

Il problema principale con questo tipo di comportamento è che, se non affrontato, può contribuire ad intensificare nel tempo il disturbo d'ansia. La dipendenza da una figura di sicurezza limita le opportunità di sviluppare autonomia e di affrontare progressivamente le situazioni temute. Inoltre, può rendere difficile la gestione dell'ansia in contesti in cui la persona o l'oggetto di sicurezza non sono disponibili.

In conclusione, i comportamenti di chi sperimenta l'ansia riflettono le strategie messe in atto per affrontare le sfide emotive e psicologiche connesse all'ansia. Le azioni compiute o evitate derivano spesso dall'urgenza di gestire il disagio e di ridurre la percezione di minaccia. Importante è comprendere che, sebbene questi comportamenti possano fornire un sollievo temporaneo, a lungo termine possono limitare le opportunità di crescita personale e interferire con una vita quotidiana appagante. Affrontare l'ansia richiede un approccio integrato che coinvolga la consapevolezza dei comportamenti manifestati, la comprensione delle radici dell'ansia e lo sviluppo di strategie di coping più adattive.

SINTOMI EMOTIVI DI CHI SOFFRE D'ANSIA

L'ansia, essendo un'emozione, si manifesta attraverso una diversità di sentimenti, che si traducono in sintomi emotivi.

Apprensione

L'apprensione rappresenta un aspetto rilevante nel complesso panorama emotivo legato all'ansia. Si manifesta come una persistente sensazione di preoccupazione e timore riguardo a eventi futuri, con l'anticipazione che qualcosa di negativo o spiacevole possa verificarsi nel prossimo periodo. Questo stato emotivo, caratterizzato da una sorta di apprensione costante, può avere un impatto significativo sulla salute mentale di un individuo.

Coloro che convivono con l'apprensione possono sperimentare una tensione cronica, manifestandosi attraverso preoccupazioni costanti su situazioni imminenti, anche se la fonte precisa di tale preoccupazione può non essere chiara o immediata. Questa continua anticipazione di eventi avversi può influenzare il benessere generale, generando sensazioni di inquietudine, irritabilità e difficoltà nel concentrarsi su compiti quotidiani.

Spesso, l'apprensione è accompagnata da una percezione di ipervigilanza, con la persona costantemente in allerta per individuare eventuali segnali di minaccia o problemi futuri. Questo atteggiamento può portare a una modalità di pensiero catastrofico, in cui si sovrastima la probabilità di eventi negativi e si sottovaluta la propria capacità di farvi fronte.

Angoscia

L'angoscia si presenta come un'esperienza emotiva profondamente dolorosa legata all'ansia, manifestandosi come uno stato persistente di sofferenza e dolore emotivo angosciante. Questo sintomo può declinarsi in diverse forme, dalla sensazione generale di disagio a un dolore più specifico e acuto correlato a preoccupazioni particolari.

Per chi vive l'angoscia, immergersi in un senso pervasivo di tristezza e disperazione è un'esperienza reale. Questo stato emotivo può portare con sé una sensazione di oppressione, accompagnata da pensieri intrusivi e negativi, aggiungendo un carico emotivo difficile da sopportare.

L'angoscia può influire sulla capacità di godere della vita quotidiana, minando il benessere emotivo e la qualità delle relazioni interpersonali. Inoltre, può associarsi a sintomi fisici come disturbi del sonno, problemi digestivi o tensione muscolare, con un impatto complessivo sulla salute fisica e mentale.

Terrore

Il terrore, nell'ambito dell'ansia, si configura come un'esperienza emotiva caratterizzata da una intensa soggezione e rispetto reverenziale nei confronti di qualcosa o qualcuno. Questo stato emotivo può essere connesso a una profonda sensazione di timore o apprensione verso un elemento specifico, spesso percepito come minaccioso o capace di generare pericolo.

Coloro che vivono il terrore possono sperimentare una forma accentuata di paura che va oltre l'ansia comune, manifestandosi con una sensazione di impotenza di fronte a ciò che viene temuto. Questa reazione può essere accompagnata da una notevole attivazione del sistema nervoso simpatico, con conseguenti risposte fisiologiche come aumento del battito cardiaco, sudorazione e sensazioni di malessere.

Il terrore può essere associato a diverse sfere della vita, che comprendono timori specifici come fobie o preoccupazioni più ampie riguardanti eventi futuri. Tale esperienza emotiva può altresì influenzare la qualità della vita quotidiana, limitando la capacità di affrontare determinate situazioni o di mantenere un livello sano di funzionamento emotivo.

Nervosismo

Il nervosismo rappresenta uno stato emotivo che genera un livello di inquietudine capace di compromettere la tranquillità mentale di un individuo. Questa esperienza può manifestarsi con un senso generale di agitazione e irritabilità, portando la persona a sentirsi costantemente tesa e incapace di raggiungere uno stato di serenità mentale.

Chi vive il nervosismo può trovare difficile rilassarsi o concentrarsi, poiché sperimenta una sensazione di instabilità emotiva. Questo stato può essere innescato da vari fattori, come situazioni stressanti, preoccupazioni eccessive o una percezione di minaccia imminente. In alcuni casi, il nervosismo può diventare cronico, influenzando notevolmente la qualità della vita quotidiana e la capacità di affrontare le sfide quotidiane in modo calmo e riflessivo.

Il nervosismo può anche manifestarsi attraverso sintomi fisici, come tremori, sudorazione e tensione muscolare, contribuendo a un circolo vizioso di disagio emotivo e manifestazioni fisiche.

Sentirsi sopraffatti

Sperimentare un senso di sopraffazione rappresenta uno stato emotivo in cui un individuo inizia a percepire un senso di sconfitta e incapacità nel realizzare le proprie azioni e obiettivi. Questa esperienza può essere caratterizzata da una sensazione di oppressione, in cui il peso delle sfide e delle responsabilità quotidiane diventa schiacciante, superando la capacità dell'individuo di farvi fronte in modo efficace.

Chi vive questa sensazione di sopraffazione può sperimentare un senso di impotenza e frustrazione, con la percezione che le richieste della vita siano troppo intense o complesse da affrontare. Questo stato emotivo può manifestarsi in diverse situazioni, sia personali che professionali, e può essere accentuato da fattori come lo stress cronico, l'elevato carico di lavoro o le pressioni relazionali.

Il sentirsi sopraffatti può influenzare negativamente la salute mentale e fisica, contribuendo a sintomi come stanchezza cronica, difficoltà di concentrazione e alterazioni del sonno.

Panico

Il panico è un'intensa tempesta emotiva in cui un individuo si ritrova sommerso da una sensazione di paura così schiacciante da rendere difficile la ragione e il pensiero logico. Quest'esperienza è caratterizzata da una rapida e travolgente manifestazione dell'ansia, spesso accompagnata da una serie di sintomi fisici e cognitivi che contribuiscono a una sensazione di perdita di controllo.

Chi vive il panico può sperimentare un improvviso aumento della frequenza cardiaca, difficoltà nella respirazione, sudorazione e una sensazione di oppressione al petto. Questi sintomi fisici possono intensificare ulteriormente la paura, contribuendo a un senso di imminente pericolo, anche se non c'è alcuna minaccia immediata evidente.

Dal punto di vista cognitivo, il panico può generare pensieri catastrofici e irrazionali, amplificando la percezione di pericolo e rendendo difficile mantenere una prospettiva razionale sulla situazione. Questo stato può essere così avvolgente da generare una paura persistente di vivere nuovi episodi di panico, alimentando un circolo vizioso di ansia.

Disagio

Il disagio è uno stato emotivo in cui un individuo vive una sensazione di inquietudine o malessere legato a una persona o a una specifica situazione. Questo stato può presentarsi in diverse forme, che vanno dalla tensione e imbarazzo a una percezione più ampia di mancato adattamento o disconnessione.

Chi si trova in uno stato di disagio potrebbe vivere una situazione che non corrisponde alle proprie aspettative, valori o comfort emotivo. Questa sensazione può derivare da dinamiche relazionali complesse, contesti sociali difficili o ambienti in cui ci si sente fuori luogo. Il disagio può influenzare la comunicazione interpersonale, rendendo difficile l'interazione con gli altri e compromettendo la qualità delle relazioni.

Questo stato emotivo può anche essere associato a situazioni in cui l'individuo si sente esposto, vulnerabile o giudicato. Tale stato può avere un impatto sulla salute mentale, influenzando la capacità di affrontare in modo costruttivo le sfide quotidiane.

Paura

La paura è un'emozione potente che si manifesta quando si percepisce un pericolo o una minaccia in determinate circostanze. Questa risposta fisiologica e psicologica prepara l'organismo a affrontare potenziali situazioni di pericolo e può variare in intensità e durata, assumendo sfumature diverse a seconda della natura della minaccia percepita.

A livello fisiologico, la paura induce una serie di reazioni nel corpo, come l'aumento della frequenza cardiaca, una respirazione più rapida, la dilatazione delle pupille e la liberazione di adrenalina. Queste risposte preparano l'organismo a fronteggiare la minaccia in modo rapido ed energico, rientrando nella risposta di "lotta o fuga".

La paura può essere categorizzata in diverse tipologie, come la paura di situazioni specifiche (fobie), la paura di perdere il controllo (ansia) o la paura di un pericolo imminente. Inoltre, può essere classificata come razionale o irrazionale, a seconda della gravità e della probabilità reale della minaccia percepita.

Preoccupazione

La preoccupazione è un sentimento che si caratterizza per una tensione mentale ed emotiva, spesso legata a problemi reali o potenziali. Questo stato mentale emerge quando un individuo si trova di fronte a incertezze, difficoltà o eventi stressanti, dando vita a una serie di pensieri ansiosi riguardo a ciò che potrebbe accadere nel futuro.

La preoccupazione può variare in intensità e durata, coinvolgendo una vasta gamma di temi, tra cui la salute, il lavoro, le relazioni o altri aspetti della vita quotidiana. È un aspetto normale della vita, in quanto può aiutare a prepararsi per affrontare sfide o a pianificare per situazioni future. Tuttavia, diventa problematica quando diventa eccessiva, costante e interferisce con il benessere complessivo dell'individuo.

A livello cognitivo, la preoccupazione può essere accompagnata da pensieri circolari, anticipazioni negative e difficoltà a concentrarsi su altre cose. Questo stato mentale può anche influenzare il sonno, la concentrazione e la qualità della vita quotidiana.

Timore

Il timore è un'emozione che si caratterizza per una sensazione sottolineata di disagio anticipatorio in vista di possibili eventi negativi o disgrazie imminenti. Questa emozione può essere innescata da diverse situazioni o contesti percepiti come minacciosi o potenzialmente dannosi.

A differenza della paura, che di solito è legata a minacce immediatamente identificabili, il timore può essere più sottile e associato a preoccupazioni o ansie meno definite. Si manifesta come una sensazione di inquietudine o nervosismo riguardo a un possibile esito negativo, anche in assenza di una minaccia concreta nel momento presente.

Il timore può influenzare il modo in cui un individuo affronta le sfide quotidiane, i rischi o le decisioni importanti. Questo stato emotivo può portare a un atteggiamento di cautela o avversione nei confronti di situazioni percepite come incerte o pericolose. Tuttavia, quando il timore diventa eccessivo o persistente, può interferire significativamente con la qualità della vita e limitare le opportunità di crescita personale.

In conclusione, molte persone, sia adulti che bambini, si trovano di fronte a una sfida nel cercare di comunicare e spiegare le proprie emozioni. È comune sentir dire che non riescono a descrivere con precisione cosa stanno vivendo quando vengono invitati a esprimere la loro esperienza emotiva. Questa difficoltà nell'articolare le emozioni può derivare da vari fattori, tra cui la complessità intrinseca delle emozioni stesse e le differenze individuali nella capacità di esprimere i propri stati emotivi.

L'aspetto emotivo dell'ansia, in particolare, porta con sé una notevole angoscia, coinvolgendo sentimenti intensi di preoccupazione, apprensione o paura. La sfera emotiva può essere un territorio difficile da esplorare, e le persone possono sentirsi sopraffatte da una gamma di emozioni senza riuscire a identificare con chiarezza cosa stiano vivendo.

Al tempo stesso, gli aspetti fisici dell'ansia, come le reazioni corporee precedentemente descritte, possono comportare disturbi significativi nella vita di tutti i giorni e nel benessere complessivo. Se non gestite adeguatamente, queste manifestazioni fisiche possono influire negativamente sulla qualità della vita, interferendo con il lavoro, le relazioni e le attività quotidiane.

Riconoscere e comprendere entrambi gli aspetti dell'ansia rappresenta un passo fondamentale per intraprendere un percorso verso il benessere emotivo.

SINTOMI COGNITIVI DI CHI SOFFRE D'ANSIA

Spesso, quando ci troviamo a confrontarci con l'ansia, la nostra mente diventa una sorta di corsa sfrenata di pensieri, sia che ne siamo consapevoli o meno. Anche senza l'ingresso dell'ansia, migliaia di pensieri attraversano la nostra mente quotidianamente. Tuttavia, quando ci sottoponiamo all'ansia, i pensieri che emergono sono spesso di natura preoccupante, e la loro varietà dipende sia dalla situazione in cui ci troviamo che dalla nostra individualità.

Coloro che affrontano l'ansia sociale spesso vivono la paura che la propria ansia sia chiaramente evidente agli altri, temendo giudizi negativi. Le preoccupazioni di queste persone riguardano la paura di essere percepiti come poco attraenti, stupidi o noiosi, e il timore di perdere il controllo della situazione, spinto anche da disturbi ossessivo-compulsivi. Alcune di loro temono addirittura di sviluppare problemi gravi, come il timore immotivato di diventare pedofili, anche in assenza di prove concrete.

Nel caso di un disturbo d'ansia generalizzato, l'individuo ansioso nutre la preoccupazione costante che il proprio pensiero ossessivo possa arrecare danno. In un paradosso sorprendente, si convince che la preoccupazione sia fondamentale per prepararsi e prevenire eventuali errori.

La sopravvalutazione è un altro aspetto frequente nell'ansia, dove le persone tendono a sovrastimare la probabilità di eventi negativi, sottostimando contemporaneamente la propria capacità di affrontare tali situazioni quando si presentano. Ad esempio, possono sottovalutare la loro capacità di gestire un conflitto con un amico.

L'ansia ha il potere di minare la fiducia in sé stessi, facendo sentire una persona inadeguata e rendendo i suoi pensieri più rigidi o bloccati. Questi pensieri preoccupanti possono variare a seconda del tipo specifico di disturbo d'ansia o della storia personale legata all'ansia della persona coinvolta.

SINTOMI PSICOLOGICI DI CHI SOFFRE D'ANSIA

L'ansia, oltre a presentare sintomi fisici, influisce profondamente sul versante psicologico, lasciando un'impronta su diversi aspetti della nostra mente e del nostro comportamento.

- Difficoltà a concentrarsi o a mantenere l'attenzione su un compito.
- Perdita di memoria o disfunzioni mnemoniche.
- Sconforto, perdita di appetito, letargia e altri segni associati alla depressione.

Alla radice dell'ansia patologica si trova una valutazione cognitiva distorta della situazione. Ciò implica una sovrastima delle minacce in una determinata sfida, mentre contemporaneamente si sottostima la propria capacità di affrontarla. In altre parole, chi soffre di ansia tende a percepire la sfida come più minacciosa di quanto sia in realtà e, al tempo stesso, a sottovalutare le proprie risorse e competenze per affrontarla con successo.

Il Prezzo dell'ansia

L'ansia comporta una serie di conseguenze rilevanti, con sintomi che possono avere un impatto negativo sulla vita di un individuo, privandolo di opportunità e compromettendo il suo benessere. Quando l'ansia persiste senza essere identificata e trattata in modo adeguato, il suo impatto sulla vita di una persona può diventare significativo, comportando un prezzo elevato in termini di qualità della vita e realizzazione personale.

Opportunità perdute

Individui che affrontano ansia in situazioni sociali potrebbero rinunciare a preziose opportunità relazionali e professionali a causa della timidezza. La difficoltà nel distinguersi può portare a situazioni in cui la persona si sente isolata, osservando passivamente le opportunità che le sfuggono di mano. La timidezza derivante dall'ansia può limitare la partecipazione attiva nella vita sociale e lavorativa, influenzando negativamente la possibilità di cogliere appieno le occasioni che si presentano.

Relazioni fallite

La paura di esprimersi completamente può condurre chi soffre di ansia in relazioni disfunzionali. La timidezza e l'ansia sociale possono contribuire a una difficoltà nel creare connessioni sane e soddisfacenti con gli altri. Questo timore di esprimersi appieno può influenzare negativamente la qualità delle relazioni, portando a dinamiche che non riflettono il benessere emotivo e la comprensione reciproca.

Problemi di salute

Disturbi della mascella, bruxismo, mal di testa e la sindrome dell'intestino irritabile possono diventare comuni per chi vive con l'ansia. Quando non gestita efficacemente, l'ansia può manifestarsi attraverso una serie di sintomi fisici, influenzando la salute generale del corpo. Questi disturbi possono essere collegati al livello di tensione muscolare e allo stress generato dall'ansia, sottolineando l'importanza di affrontare e gestire adeguatamente questo stato emotivo per preservare il benessere fisico e mentale.

Problemi di droga e di alcol

Nel tentativo di lenire il proprio dolore emotivo, alcune persone possono ricorrere all'eccessivo consumo di alcol e all'abuso di droghe come un modo di annegare le proprie sofferenze. Questo atteggiamento autodistruttivo si configura come una risposta mal-adattiva all'ansia, poiché cerca un sollievo momentaneo attraverso sostanze che, a lungo termine, possono peggiorare la situazione. È fondamentale comprendere che l'utilizzo eccessivo di sostanze non affronta le radici profonde dell'ansia e può comportare complicazioni sia a livello fisico che mentale. Questo sottolinea l'importanza di adottare approcci più salutari per gestire lo stress e l'ansia, anziché cercare soluzioni temporanee che possono portare a conseguenze più gravi nel tempo.

Assenteismo

Per eludere le situazioni che scatenano l'ansia, alcune persone potrebbero raggiungere il punto di rifiutarsi di recarsi al lavoro, compromettendo così le loro prestazioni sul posto di lavoro, la produttività e, in situazioni estreme, mettendo a rischio la perdita del lavoro stesso. Questo atteggiamento di evitamento può essere alimentato dalla paura di affrontare le sfide quotidiane, portando a conseguenze significative nella sfera professionale. Affrontare l'ansia in modo sano e cercare supporto si rivela cruciale per preservare un ambiente lavorativo positivo e sostenibile.

Suicidio

A causa dell'imbarazzo e della ridotta autostima derivanti dall'ansia, alcune persone possono giungere al punto di sviluppare sentimenti di auto-odio, dando così vita a pensieri suicidi. Questo cammino buio e pericoloso rappresenta una manifestazione grave degli effetti devastanti dell'ansia sulla salute mentale. È cruciale sottolineare l'importanza di cercare tempestivamente il sostegno da parte di professionisti della salute mentale e di coloro che si trovano in situazioni simili, al fine di prevenire conseguenze tragiche e promuovere il benessere emotivo.

In conclusione, l'ansia si manifesta non soltanto attraverso sintomi fisici, ma permea profondamente nel nostro benessere psicologico, influenzando vari aspetti della mente e del comportamento. La sua radice è spesso connessa a una valutazione distorta delle sfide, con una sovrastima delle minacce e una sottostima delle proprie capacità. Il costo dell'ansia è rilevante, incidendo negativamente sulla vita di chi ne è colpito. Le opportunità relazionali e lavorative possono sfumare a causa della timidezza, le relazioni possono subire compromessi a causa della paura di esprimersi, e problemi di salute fisica possono emergere come conseguenza di una gestione inadeguata dell'ansia. L'abuso di sostanze, l'assenteismo lavorativo e persino il rischio di pensieri suicidi possono rappresentare il risultato di una continua lotta con l'ansia. Affrontare l'ansia in modo appropriato, cercando supporto e adottando approcci salutari per la gestione dello stress, risulta fondamentale per preservare il benessere emotivo e la qualità della vita.

CAPITOLO 2: MANIFESTAZIONI E CAUSE DEI DISTURBI D'ANSIA

I sintomi dei disturbi d'ansia possono comparire in diversi momenti della vita, dall'infanzia all'adolescenza, continuando fino all'età adulta. I segnali più comuni di un'ansia intensa si manifestano attraverso sensazioni di tensione, nervosismo e inquietudine. Le persone affette da disturbi d'ansia possono percepire un costante senso di panico e paura di fronte a un pericolo imminente durante i momenti di maggiore ansia.

Durante i picchi di ansia, è probabile che sperimentino anche sudorazione, tremori, aumento della frequenza cardiaca e sensazioni di debolezza o estrema stanchezza. Altri sintomi includono difficoltà a concentrarsi su altro oltre alle normali preoccupazioni, problemi di sonno, evitamento di situazioni scatenanti e difficoltà a controllare le sensazioni di preoccupazione. Esistono molteplici cause alla base dello sviluppo di disturbi d'ansia. Alcune persone ne soffrono a causa di malattie mediche come diabete, dolore cronico, dipendenza da farmaci o alcool, disturbi respiratori come asma o malattia polmonare ostruttiva cronica, tumori cerebrali che producono specifici ormoni di lotta, malattie cardiache e problemi alla tiroide come iper- o ipotiroidismo.

L'assunzione di determinati farmaci può anch'essa contribuire all'ansia. Esistono segnali specifici che possono indicare che l'ansia di una persona è legata a una condizione medica. Ad esempio, l'assenza di una storia familiare di disturbi d'ansia potrebbe suggerire un'origine legata a una condizione medica. Altri segni di ansia correlata a condizioni mediche potrebbero includere l'assenza di disturbi d'ansia durante l'infanzia e l'insorgenza improvvisa di ansia non collegata a eventi di vita specifici, senza una storia pregressa di ansia intensa.

Gli eventi traumatici della vita possono scatenare ansia, spesso manifestandosi sotto forma di vergogna. Le persone possono sperimentare ansia a causa di problemi finanziari o diagnosi mediche gravi, ma il nucleo dell'ansia spesso si radica nella paura di provare vergogna. Questo avviene quando una persona interiorizza esperienze traumatiche passate di vergogna, solitamente risalenti all'infanzia.

L'ansia legata alla vergogna può avere gravi impatti sulla salute mentale e fisica di un individuo, alimentando una bassa autostima. È normale che le persone provino una certa ansia o preoccupazione su come saranno giudicate dagli altri, ma quando questa ansia si trasforma in ansia da vergogna, può comportare sensibilità eccessiva alle critiche, sia reali che immaginarie, da parte di sé stessi e degli altri.

Chi sperimenta ansia da vergogna può affrontare sfide mentali e fisiche, sviluppando fobie sociali o manifestando sintomi di co-dipendenza. Ad esempio, possono emergere comportamenti di controllo ossessivi nei confronti delle persone o una dipendenza da sostanze.

Uomini e donne manifestano ansia da vergogna in modi distinti. Gli uomini spesso sperimentano questa forma di ansia legata al lavoro, temendo il fallimento o il timore di non essere considerati buoni lavoratori. Le donne, invece, possono vivere ansia da vergogna legata all'aspetto fisico e alle relazioni, in quanto tendono a cercare il perfezionismo per ottenere accettazione dagli altri.

L'ansia da vergogna è anche connessa all'abbandono emotivo. In situazioni di perdita di intimità, come un divorzio, una malattia o la morte di una persona cara, chi soffre di ansia può auto-incolparsi, credendo erroneamente di aver commesso degli errori. Questo schema di pensiero negativo deriva dall'ansia da vergogna, che porta a percepire un rifiuto dagli altri a causa di presunte inadeguatezze. Anche la morte di una persona cara può attivare sentimenti di abbandono emotivo, rievocando situazioni simili vissute durante l'infanzia. In risposta, chi sperimenta ansia da vergogna può manifestare comportamenti autodistruttivi nei confronti della persona amata, precedenti alla sua morte.

Il peso dell'abbandono emotivo nel passato svolge un ruolo significativo nell'ansia futura di un individuo. Se, ad esempio, una persona ha vissuto l'abbandono emotivo durante l'infanzia, può nutrire paure e preoccupazioni intense riguardo alla possibilità di rivivere quegli stessi sentimenti di solitudine più avanti nella vita. Spesso, questa persona potrebbe non essere consapevole del fatto di trovarsi costantemente in uno stato di iper-vigilanza. L'ansia da vergogna diventa altresì un compagno comune dell'abbandono emotivo.

Diversi fattori ambientali possono agire come catalizzatori nello sviluppo dell'ansia, tra cui lo stress legato al lavoro, le dinamiche delle relazioni personali, le pressioni scolastiche e una lunga lista di responsabilità quotidiane. L'ansia può acuirsi ulteriormente se una persona si trova in un'area ad alta quota, dove i livelli di ossigeno sono ridotti. Insieme ai fattori ambientali, anche le cause genetiche giocano un ruolo, poiché la presenza di un disturbo d'ansia in un membro della famiglia aumenta le probabilità di sviluppare un disturbo analogo in altri membri. Questa combinazione di fattori ambientali e genetici può anche determinare cambiamenti nella chimica e nelle funzioni cerebrali di una persona. Ciò significa che la stessa persona potrebbe reagire in modo più impulsivo e attivo a fattori scatenanti che in passato non avrebbero causato ansia. Psicologi e neurologi hanno addirittura descritto l'ansia e i disturbi dell'umore come disturbi legati agli ormoni e ai segnali elettrici all'interno del cervello.

Non solo sono da individuare le cause alla base dello sviluppo di un disturbo d'ansia, ma è altresì importante considerare i fattori di rischio che possono aumentare le probabilità di una persona di sperimentare questa forma di disagio. Tra i principali fattori di rischio figura il trauma. Quando un bambino sopravvive a un abuso o è testimone di un evento traumatico, è ad elevato rischio di sviluppare un disturbo d'ansia in fasi successive della vita. Questa vulnerabilità è riscontrabile anche negli adulti coinvolti in eventi traumatici, poiché anch'essi risultano maggiormente esposti al rischio di sviluppare un disturbo d'ansia.

Un ulteriore fattore di rischio è legato alla diagnosi di una condizione medica. Come precedentemente evidenziato, esistono problematiche di natura medica in grado di indurre ansia, ma è altrettanto vero che qualsiasi preoccupazione relativa alla salute può comportare livelli significativi di stress. È comprensibile, pertanto, che una condizione medica grave possa innescare considerevoli preoccupazioni riguardo agli aspetti legati al trattamento e al futuro della malattia.

Oltre a essere soggetti a stress causato da condizioni mediche, gli individui possono trovarsi di fronte a situazioni stressanti generate da eventi significativi o da una serie di piccole tensioni quotidiane, entrambe capaci di scatenare un'ansia intensa. Esempi di tali situazioni comprendono la perdita di una persona cara o la persistente preoccupazione per questioni finanziarie.

La personalità di un individuo rappresenta un fattore rilevante nel rischio di sviluppare disturbi d'ansia. Ogni personalità può essere esposta a qualche forma di stress o ansia legata alla vita, ma alcune tipologie hanno una maggiore propensione a specifici disturbi d'ansia. Ad esempio, un individuo con una personalità di tipo A potrebbe essere più incline a sperimentare stress, preoccupazione e paura del fallimento. Chi possiede una personalità di tipo B potrebbe manifestare preoccupazioni per il futuro, mentre il tipo di personalità C potrebbe temere il giudizio e la critica, risultando quindi più suscettibile al disturbo d'ansia sociale. Infine, le persone con una personalità di tipo D, caratterizzata da preoccupazioni e pessimismo, presentano un rischio maggiore di essere colpite da disturbi d'ansia generalizzata.

Un ulteriore fattore di rischio è la presenza di altri disturbi mentali. È comune che le persone affette da disturbi mentali, come la depressione, sviluppino anche una forma di disturbo d'ansia.

Infine, le sostanze psicoattive, sia nell'abuso che nell'astinenza, rappresentano un altro fattore di rischio. Entrambe le situazioni possono contribuire al peggioramento dei sintomi d'ansia.

Oltre a comprenderne i fattori di rischio, è essenziale che le persone siano consapevoli delle possibili complicazioni associate ai disturbi d'ansia. Questi disturbi non solo generano preoccupazione, ma possono anche scatenare o intensificare altri sintomi mentali e fisici. Tra le possibili complicazioni a livello mentale rientrano depressione, abuso di sostanze e pensieri suicidi. A livello fisico, possono verificarsi difficoltà nel sonno, isolamento sociale, problemi di performance lavorativa o scolastica, e una generale scarsa qualità di vita.

L'ansia normale si presenta quando si è preoccupati per un evento specifico. Ad esempio, immagina di avere un colloquio di lavoro domani e di svegliarti più tardi del solito. In questo caso, potresti sperimentare un senso di ansia poiché temi di arrivare in ritardo al colloquio. Tuttavia, una volta vestito e uscito, realizzando di non essere in ritardo, la tensione svanirebbe, e l'ansia si dissolverebbe. Questo tipo di ansia è del tutto normale.

La situazione cambia quando si tratta di ansia cronica, in cui la preoccupazione è costante e irrazionale. Chi vive con ansia cronica spesso si trova con una mente iperattiva, costantemente allarmata da pericoli imminenti. Questa condizione rende difficile per la persona reagire in modo normale, poiché la preoccupazione tende a offuscare la capacità di ragionamento. Chi soffre di ansia cronica ha la sensazione di essere avvolto in una fitta nebbia, difficile da dissolvere. In questa condizione, non si sa mai cosa la propria mente etichetterà come "pericolo". In un momento si può sentirsi perfettamente bene, mentre nel momento successivo si affonda in pensieri negativi. La mente può identificare qualsiasi cosa come un potenziale pericolo, spesso radicato in traumi passati.

Immagina di dover tenere un discorso davanti a una folla di migliaia di persone. Se non sei abituato a situazioni del genere, potresti sviluppare un'ansia normale. Tuttavia, quando sali sul palco, ciò non significa che non aprirai bocca o non parlerai. In altre parole, l'ansia normale consente ancora di agire in modo ragionevolmente normale. Non è insolito che una persona con ansia normale, se competente in una determinata area, affronti la giornata con relativa facilità, riservando le preoccupazioni per il tempo "libero". Ad esempio, potresti affrontare una giornata lavorativa tranquilla nonostante i problemi personali, per poi sentirne il peso una volta a casa, aumentando l'ansia.

Una persona afflitta da ansia cronica non può ignorare minimamente i sintomi che la affliggono. Supponiamo che questa persona abbia sviluppato un'ansia cronica a seguito di un divorzio traumatico che ha provocato un crollo emotivo. Anche il più innocuo degli incontri, come vedere un bambino, può scatenare ricordi struggenti della lotta per i propri figli durante il divorzio. Persino fissare qualcuno del sesso opposto con tratti simili al proprio ex coniuge può innescare l'ansia. Le menti di coloro che soffrono di ansia cronica raramente trovano pace, causando sintomi intensi. La capacità di concentrarsi su qualsiasi cosa diventa una sfida quando si avverte la presenza di una nube oscura di energia negativa costantemente sopra la testa. La persona diventa irritabile durante il giorno e l'insonnia si impossessa delle notti. L'ansia cronica ha il potere di paralizzare chi ne è colpito, rendendo estremamente difficile affrontare le sfide quotidiane.

Come menzionato precedentemente, l'ansia si manifesta con vari sintomi fisici. Un modo per riconoscerli è riflettere su cosa accade al tuo corpo quando sperimenti l'ansia. In quale parte del corpo senti la sua presenza? Personalmente, quando sono ansioso, avverto vertigini, la vista annebbiata, debolezza ai piedi, sudorazione e nausea. È importante ricordare che, se provi sensazioni fisiche scomode legate all'ansia e i medici non individuano problemi fisici, è probabile che tu stia affrontando un problema di ansia. Nonostante queste sensazioni siano fastidiose, è essenziale sapere che non possono provocare danni fisici.

Inoltre, durante momenti di ansia, è fondamentale rendersi conto di come ciò possa influire sul processo di pensiero. Spesso, ciò comporta la paura e il terrore di un presunto pericolo imminente. In altre parole, si inizia a percepire il mondo come un luogo minaccioso e ci si sente costantemente sotto attacco. Il problema principale è che, in assenza di una reale minaccia, si genera un'ansia inutile.

Il modo più efficace per affrontare questi pensieri negativi è cercare di sostituirli con pensieri positivi e costruttivi. Questo significa concentrarsi sugli aspetti di una situazione specifica e poi scegliere di guardare al lato positivo delle cose. In altre parole, si valuta la situazione in modo realistico, si considerano gli altri e se stessi, e si opta per una visione equilibrata e giusta di tutto ciò che si affronta.

CAPITOLO 3: ANSIA SANA E MALSANA

ANSIA POSITIVA

Si tratta di un'ansia legittima. Il tuo radar "restiamo in vita il più a lungo possibile" ha visto qualcosa e ha deciso che questo potrebbe essere un vero pericolo. Una buona ansia include anche l'essere in preda a eventi che darebbero a chiunque un po' di stress, perché sono veramente importanti e al di fuori della tua zona di comfort. Questo tipo di ansia è ciò che alcuni chiamerebbero paura e la paura è una forma legittima di ansia.

Gli esempi sono:

- Fare una passeggiata nel bosco dove vivono gli orsi e decidere di non usare la crema per il viso al miele che si applica normalmente.
- Decidere di essere troppo stanchi per continuare a guidare e accostare per dormire in un motel.
- Sentire un po' di nervosismo, perché si sta facendo una presentazione molto importante.

- Essere un po' nervoso prima di salire sul palco per fare un discorso.
- Decidere di rimanere in barca e non andare a fare una nuotata con il delfino gonfiabile dopo aver visto emergere una pinna di squalo.
- Essere un po' ansiosi quando ci si trasferisce in un nuovo stato o paese per iniziare il prossimo capitolo della propria vita.
- Sentire un po' di nervosismo quando ci si sposa, si inizia un nuovo lavoro, si diventa genitori, si fa un investimento serio, si danno le dimissioni, si viene lasciati, si chiede il divorzio, ecc.

L'ansia positiva non può e non deve essere evitata. Certo, sarebbe fantastico se potessi andare a un importante colloquio di lavoro che può migliorare o interrompere la tua carriera senza nemmeno un accenno di ansia, ma questo non accadrà, perché sei umano come tutti. Il trucco è non lasciare che l'ansia ti trattenga, non permettere che ti fermi o che interferisca nel dare tutto ciò che hai, imparerai a farlo più tardi.

Per ora, prendi nota mentalmente che alcune forme di ansia vanno bene e che l'obiettivo non può essere quello di evitarla del tutto. Se l'ansia è presente, è meglio prenderla e portarla con sé perché una buona ansia può essere un tuo compagno che ti fa funzionare meglio.

Ricordi il ciclo di lotta-fuga che ti ho spiegato? Quel primissimo accenno di ansia che senti può essere un richiamo alla performance. C'è un punto più avanti nel ciclo, in cui l'ansia diventa debilitante e riduce drasticamente le tue prestazioni. Quel primo accenno di ansia, tuttavia, è grande, è quello che prova ogni grande performer, atleta, uomo o donna di affari, attrice o attore prima di salire sul palco, nella sala riunioni o sul campo sportivo. Questa prima nozione di ansia ti rende mentalmente più vigile, ti aiuta a pensare più velocemente e ad essere più efficace.

Sarà comunque fondamentale non lasciare che l'ansia aumenti fino al punto di svolta, dove una buona ansia può trasformarsi in una cattiva ansia.

ANSIA NEGATIVA

Questa è un'ansia debilitante che ti impedisce di goderti la vita. Se si è inclini all'ansia, una buona può trasformarsi in cattiva piuttosto rapidamente.

L'ansia negativa è come avere a disposizione un'auto sportiva molto veloce, ma si mette sempre il piede sul freno e non si arriva mai a sperimentare la pura ed esaltante potenza che ha l'auto.

Essa può derivare da una buona ansia che cresce se alimentata da diverse forme di pensiero negativo, ma può anche emergere da sola sulla base di precedenti esperienze che il nostro cervello ricordava.

L'ansia negativa non ha alcuna base, ma è la paura di un pericolo che non è reale, è un errore, non è destinata ad accadere, non serve a nulla, se non a distruggere la qualità della vita e a mettere il piede sul freno.

Questi sono alcuni suoi effetti collaterali:

- Paura ed elusione degli incontri sociali.
- Evitare eventi di networking in cui non si conosce nessuno.
- Evitare ponti, autostrade, gallerie, guidare, volare.
- Sentire una strana e crescente forma di ansia quando si aumenta la distanza da casa o da altri luoghi sicuri.

- Non voler guidare a più di X chilometri da casa.
- Evitare la folla.
- Evitare di essere soli.
- Temere certi pensieri che si cerca di non avere.
- Impazzire quando si sente una certa sensazione o un certo sintomo nel corpo.
- Impazzire, perché si hanno certi pensieri che si considerano "non normali".
- Limitare la propria carriera, perché si teme il cambiamento.
- Limitare la carriera, perché ci si sente un impostore, come se la gente scoprisse che non si appartiene a quel livello.
- Problemi di relazione, perché si diventa bisognosi di qualcuno o gelosi troppo facilmente.

Questo, naturalmente, non è in alcun modo un elenco esaustivo. La tua mente è così creativa che potrai temere qualsiasi cosa tu possa immaginare.

È chiaro che questa è la forma di ansia su cui dovremo lavorare. Mi concentrerò molto su come affrontare una buona ansia, su come evitare che diventi cattiva e su come eliminarla se dovesse cambiare, più avanti in questo libro.

Per favore, però, non saltate avanti, perché è importante gettare prima le fondamenta. Parte di ciò che ti aiuterà a superare le tue ansie e gli attacchi di panico sono le informazioni che stai ricevendo proprio ora nella prima parte.

Uno sguardo più approfondito sui tipi più comuni di disturbi d'ansia può anche essere uno strumento utile, affinché le persone possano affrontare meglio il disturbo che hanno o che qualcuno che amano ha. Il disturbo d'ansia generalizzato è già stato notato come la paura e la preoccupazione per gli eventi e le situazioni sociali, tuttavia, le circostanze non riguardano solo alcune situazioni stressanti, ma anche eventi che interferiscono con la loro vita quotidiana. Le preoccupazioni possono essere legate al lavoro, alla famiglia, alla salute e a tutto ciò che riguarda le finanze. La persona è di solito estremamente preoccupata da molti degli esempi sopra citati, è anche possibile che eventi minori della vita quotidiana, come le faccende di casa e l'essere in ritardo per qualcosa, possano essere al centro dell'ansia di una persona. Ciascuno degli esempi forniti può portare a preoccupazioni incontrollabili, oltre che alla sensazione che stia per accadere qualcosa di terribile.

DISTURBO D'ANSIA GENERALIZZATO

Il disturbo d'ansia generalizzato (DAG) colpisce circa il 5% della popolazione generale, mentre raggiunge picchi del 10% negli adolescenti ed è spesso associato a depressione. Il DAG è caratterizzato da una preoccupazione incontrollata per eventi e attività che possono avere un esito negativo. Una persona a cui viene diagnosticato il DAG è spesso disturbata dalla preoccupazione e questo influisce sulla sua vita quotidiana, sulla vita sociale e sulla vita accademica.

DISTURBO OSSESSIVO COMPULSIVO

Il DOC è un disturbo d'ansia, comune tra uomini e donne che colpisce circa il 2-2,5% della popolazione generale: significa che su 100 neonati, 2 o 3 svilupperanno nell'arco della propria vita il disturbo. In Italia, sono circa 800.000 le persone colpite da disturbo ossessivo compulsivo (DOC). Il DOC presenta sintomi in età precoce e continua a colpire i bambini fino all'età adulta. Una persona con DOC ha pensieri persistenti ed è ossessionata da eventi che causano sofferenza. Queste persone cercano di risolvere i problemi eseguendo una serie di azioni specifiche e ripetute, ritengono che un cambiamento nel modo abituale di portare a termine compiti specifici infligga un autolesionismo o influisca negativamente sugli altri. Ad esempio, se una persona dimentica di fare qualcosa di importante, può sentirsi preoccupata che tale dimenticanza possa portare a un cattivo risultato.

DISTURBO POST TRAUMATICO DA STRESS

È probabile che le donne siano più colpite dal DPTS rispetto agli uomini. Molte cose possono scatenare lo sviluppo del DPTS in una persona: lo stupro, la morte di un bambino o quella inaspettata di una persona cara, un incidente violento e l'incapacità di fare qualcosa di giusto in passato sono fattori scatenanti comuni. Statisticamente, il 65% degli uomini e il 46% delle donne che vengono violentate svilupperanno il DPTS più tardi nella vita.

DISTURBO DI PANICO

Il disturbo di panico non richiede una causa scatenante specifica per svilupparsi in una persona, ma si tratta di un disturbo fuori dall'ordinario associato a sintomi di panico improvvisi. Il disturbo di panico non ha quasi mai un effetto duraturo su un individuo, ma la maggior parte delle volte, dura da pochi minuti a un'ora.

DISTURBO SOCIALE

Una piccola percentuale della popolazione mondiale soffre di questo disorientamento. Il disturbo d'ansia sociale varia in termini di gravità e di persona ed è caratterizzato dalla paura di interagire o socializzare con persone sconosciute in un ambiente diverso. Alcune persone si sentono socialmente imprigionate e così limitate nella paura, che vorrebbero persino evitare di partecipare a certi eventi sociali, per quanto piccoli possano essere. Una persona con un possibile disturbo sociale si priva delle interazioni sociali e si sente a disagio durante il contatto fisico. Spesso queste persone evitano le interazioni sociali solo per non affrontare la loro ansia.

FOBIE SPECIFICHE

Una persona con questo tipo di disturbo d'ansia può avere certe preoccupazioni o timori riguardo una situazione, attività o animali. Queste persone si sentono ansiose quando incontrano un serpente o quando viaggiano in aereo per la prima volta o quando salgono le scale. La risposta razionale a questo è la paura, perché queste situazioni o gli animali possono costituire una minaccia per la propria sicurezza.

DISTURBO D'ANSIA DA SEPARAZIONE

Le persone sperimentano l'ansia dovuta alla separazione da casa o da persone con cui hanno un forte legame emotivo: i bambini soffrono tipicamente di questo disturbo d'ansia tra i sei mesi e i sette anni di età, ma può manifestarsi anche nei bambini più grandi. Questo tipo di disturbo è definito dalla separazione di una persona da un'altra. La separazione di un bambino dalla madre, per esempio, può scatenare questo disturbo. A seconda del tipo di persona, questo tipo di disturbo può rimanere per tutta la vita. Il disturbo d'ansia da separazione indica una certa forma di maturità cognitiva nei bambini durante il loro sviluppo, quindi non dovrebbe essere visto come un problema comportamentale.

AGORAFOBIA

L'agorafobia è un disturbo definito dalla paura di un ambiente in cui qualcuno può percepire come insicuro e senza facili vie di fuga. Una persona affetta da questo disturbo, presenta sintomi simili agli attacchi di panico. Questo disturbo può influenzare il movimento delle persone e relegarle a stare a casa tutto il tempo.

DISTURBI D'ANSIA E FATTORI DI RISCHIO

Alcuni individui sono a rischio di soffrire di disturbi d'ansia a causa di una varietà di combinazioni complesse di fattori genetici, ambientali e sociali. La diagnosi dipende dalla durata dei sintomi, ma, di solito, il disturbo viene diagnosticato se i sintomi persistono per almeno sei mesi.

Per capire la tua ansia, dovrai prima stabilire le origini e gli inizi di quando è iniziata: pensa all'ansia come a una malattia o a un virus. Quando gli scienziati cercano di trovare una cura per una particolare malattia o un virus, cercano prima di tutto di trovare l'ospite o il portatore originale e, una volta trovata l'origine dell'infezione, possono poi procedere a capire cosa stanno combattendo e creare un vaccino. Lo stesso vale per la nostra ansia, dobbiamo stabilire la causa alla radice del perché ci sentiamo così. La maggior parte della gente dirà semplicemente: "Ho sempre avuto l'ansia, non c'è mai stato un momento in cui non mi sia sentito ansioso", quando in realtà, c'è stato un tempo in cui si è stati liberi dall'ansia almeno una volta. C'è sempre un fattore scatenante o catalizzatore che innesca le sensazioni di ansia, il tuo partner che ti lascia, un parente che muore, un incontro con un clown, un ragno, ecc. Semplicemente non ci hai pensato bene o in realtà stai inconsciamente seppellendo i pensieri, ma, in un modo o nell'altro, c'è stato un certo episodio che ha scatenato tutto. Questo capitolo affronterà questo problema.

Questo libro mostrerà i compiti pratici e la teoria che sta dietro alla tua ansia e questo capitolo sarà più pratico. Quello che dovrai fare è questo: prendi una penna e un foglio o un blocco per appunti sul computer, poi prova a pensare il più indietro possibile, ripensa a quando tutto è iniziato, torna indietro con la memoria, al tempo in cui le cose erano prive di ansia e lavora sui tuoi ricordi fino a quando non arriverai al punto in cui troverai dei ricordi di ansia e panico.

Una volta individuato quando si passa da ricordi liberi dall'ansia a ricordi ansiosi, quello è il momento in cui si ha bisogno di pensare intensamente. Per alcune persone è davvero facile da fare, forse hanno un ricordo traumatico o un ricordo triste in quel periodo, mentre per altri potrebbe essere un ricordo davvero insignificante a cui non hanno mai pensato prima. Questa parte può richiedere un po' di tempo, ma cerca di pensare a tutto ciò che puoi nel momento in cui passi ai ricordi ansiosi. Scrivi quelli che ti vengono in mente e una volta che avrai qualche ricordo scritto, passa lentamente attraverso di esso e vedrai se ti verrà in mente qualcosa. Una volta scritte le cose, esse tendono a diventare più chiare e si vedono cose che normalmente non si vedrebbero. Il tipo di ansia che si prova, in genere è correlato a una certa situazione che si è vissuta. Io avevo l'agorafobia e l'ansia sociale e l'elenco che segue è quello che ho scritto e che è venuto fuori quando stavo facendo questo esercizio.

- Primo ricordo - Divertirsi e giocare con i miei amici quando ero piccolo.

- Un ricordo prima che l'ansia colpisca - Stare sveglio tutta la notte e rilassarmi con gli amici da adolescente.
- Intorno al tempo in cui l'ansia colpisce - In vacanza ero vicino a non raggiungere il bagno in tempo quando viaggiavo in pullman.
- Intorno al tempo l'ansia colpisce - A scuola con intorno un sacco di persone e impossibilitato a raggiungere il bagno di nuovo.
- Ricordi ansiosi - Attacchi di panico prima di andare a scuola e mi sentivo come se non valessi nulla.

Come si può vedere dall'elenco, i ricordi vissuti sono forse sufficienti perché una persona in particolare cominci a provare ansia. Ognuno è diverso e i propri ricordi potrebbero essere completamente differenti da quelli di qualcun altro. Si può avere avuto un incontro spaventoso con un clown quando si era piccoli e ora si ha una fobia dei pagliacci, mentre qualcun altro li ama. Quando si ripercorrono i propri ricordi, basta assicurarsi di essere sinceri con tutto quello che si scrive, perché questo è un passo importante per combattere la propria ansia!

Quando scoprirai una certa situazione in cui ti ricordi e la riconoscerai come possibile causa scatenante della tua ansia, questa sarà la tua causa principale. Tutta l'ansia che provi ora è dovuta a una o due esperienze che hai avuto. Per me è stata la situazione del bagno e poi, quando la scuola è finita, è iniziata l'ansia. È stata una combinazione di situazioni a scatenare la mia ansia. Per te, potrebbe essere solo una o forse una combinazione di tre. Non bisogna mai dimenticare un ricordo finché non si è certi di aver trovato la sua causa scatenante.

Le cose diventeranno difficili da mettere a nudo, ma pensa alla tua vita senza dolore, paura e ansia.

Una volta scoperta la causa alla radice, è il momento di pensare a come ti sei sentito in quel periodo; pensa a come ti sentivi allora e a come ti senti adesso, analizza ogni dettaglio che riesci a ricordare e scrivi tutto. Scrivere le tue emozioni è uno strumento fantastico per scoprire cose di te stesso e capire il modo in cui stai pensando un po' di più.

AFFRONTA I TUOI STIMOLI

Ora che hai stabilito la possibile causa alla radice della tua ansia, è il momento di affrontare le cause scatenanti. Una causa scatenante spiegata in breve è un momento, un oggetto, una situazione in cui si innesca un attacco di panico, è un po' come lanciare una bomba da bagno nell'acqua, non appena entra in acqua, inizia a friggere e a perdere il controllo; lo stesso vale anche per l'ansia: a seconda del tipo di ansia che hai, il tuo innesco potrebbe essere completamente diverso da quello di qualcun altro.

Prendi di nuovo carta e penna e questa volta scrivi di tutte le volte che sei stato in ansia o hai avuto un attacco di panico per tutta la vita. Questa sarà la tua lista di fattori scatenanti. Ogni volta che hai un nuovo attacco di panico, scrivilo sulla lista e, alla fine, dovresti avere una buona lista di situazioni e di punti da cui la tua ansia è stata scatenata.

Quello che dovrai fare ora, è guardare la tua lista di inneschi e la lista della memoria e correlare eventuali somiglianze o differenze. Se le cause scatenanti corrispondono o sono simili a una certa memoria, allora fai un cerchio intorno a quella memoria. Una volta che l'avrai attraversata e avrai un ricordo cerchiato, questa è sicuramente la causa principale dell'ansia.

Ora che conosci la causa principale, puoi affrontarla con

chiarezza e non essere più frustrato, per una volta non avrai più un motivo per essere ansioso. L'ulteriore vantaggio di conoscere le tue cause scatenanti, è che potrai evitare di nuovo quella situazione.

Tuttavia, quando la tua ansia non è ragionevole o inizia a interferire con la tua vita quotidiana, potresti avere una sorta di disturbo d'ansia che deve essere curato e il modo migliore per identificarlo è capire se l'ansia è problematica, semplicemente identificando se hai qualche tipo di problema associato ad essa. Ci sono diversi modi per identificare se la tua ansia è problematica. Inizia a porti delle domande per identificarla.

- Questa ansia danneggia le relazioni? Se l'ansia sta causando problemi nei tuoi rapporti, facendoli soffrire, perché è un tema comune che deve essere superato o perché sei troppo insicuro per mantenere un rapporto, può essere problematico.
- La mia ansia rende difficile o ha un impatto diretto sul mio lavoro o sul rendimento scolastico? Quando l'ansia inizia ad avere un impatto sulla propria vita, causando difficoltà o rendendo il rendimento in una delle due situazioni al di sotto della media, può essere problematica.
- I miei pensieri ansiosi mi distraggono dal fare quello che dovrei fare? Se senti che la tua ansia comincia ad avere un impatto diretto sulla possibilità di realizzare qualcosa, semplicemente perché passi troppo tempo a preoccuparti, potresti avere un problema di ansia.
- Sto evitando le cose che mi piacevano perché sono ansioso? Quando la tua ansia comincia a

impedirti di dedicarti ad hobby in cui eri
abbastanza attivo o ti impedisce di essere
disposto a tentare un nuovo passatempo, potresti
avere un'ansia problematica.

- Mi sento costantemente inquieto e nervoso,
anche quando non c'è una vera ragione per farlo?
Quando ti senti spesso come se fossi preoccupato
per qualche conseguenza negativa per la quale
non hai alcun sostegno o prova, potresti avere
un'ansia problematica.

- Spesso rendo le cose peggiori di quanto non
siano in realtà, anche se la mia percezione al
momento sembra corretta? Quando si pensa che
le cose siano peggiori di quanto non siano in
realtà, si può avere un problema di ansia.

Se una di queste domande ti ha fatto rispondere di sì o ti
sei fermato a prendere seriamente in considerazione una di
esse, potresti in realtà essere in ansia, anche se non te ne sei
mai reso conto prima. Quello che si può fare in questa situazione, è chiedere a una persona cara che ti conosce bene di
rispondere a queste stesse domande su di te per avere un
quadro più chiaro e capire se sei, di fatto, ansioso. Anche se
non sei in grado di vedere i sintomi, è del tutto possibile che
altre persone ci riescano.

CAPITOLO 4: COSE NELLA TUA VITA CHE TI TRATTENGONO

I disturbi d'ansia creano stress sia al corpo che alla mente e questo può causare molti problemi, come mal di schiena, mal di stomaco, mal di testa, tremori, pensieri intrusivi, depressione e panico tra gli altri.

Quando si intraprende il viaggio verso la guarigione, è necessario apportare importanti cambiamenti nella propria vita perché questi ridurranno lo stress e ti aiuteranno a essere più concentrato. Una volta superata questa fase, ti sentirai più rilassato e potrai dormire meglio la notte, il tuo sistema nervoso si calmerà e dovresti cominciare a sentirti meno ansioso.

Questa fase segna l'inizio del processo di recupero e ti prepara a tutto ciò che segue. Ti consiglio di seguire le istruzioni nel modo più accurato possibile.

FATTI UNA DOCCIA CALDA LA SERA

Prima di andare a letto la sera, assicurati di fare una doccia calda. Le docce calde alleviano la tensione e la rigidità muscolare. Lascia che l'acqua calda colpisca le spalle, il collo e la schiena, più potente è il flusso d'acqua, meglio è, ma il componente più importante è il calore. La ricerca ha dimostrato che fare una doccia calda aumenta i livelli di ossitocina, il che allevia l'ansia perché, questa, è secreta quando siamo innamorati, è un ormone felice.

Uscire da una doccia calda, in una camera da letto più fresca, provoca un abbassamento della temperatura corporea e, di conseguenza, una sensazione di tranquillità e sonnolenza, rallentando le attività metaboliche essenziali.

VAI A LETTO STANCO

Quando vai a letto, assicurati di essere abbastanza stanco da addormentarti, altrimenti, resterai sveglio pensando troppo o preoccupandoti e questo è controproducente. Se succede, alzati e fai qualcos'altro: piega il bucato, guarda la televisione, leggi un libro, un bicchiere di latte caldo o un po' di yogurt possono aiutarti a dormire.

AGGIUNGI ALIMENTI PER ALLEVIARE LO STRESS ALLA DIETA

Aggiungi noci, tacchino, gamberi, formaggio, ciliegie o succo di ciliegia alla tua dieta, perché questi alimenti contengono triptofano che fa scattare la melatonina, l'ormone del sonno. La camomilla è un ottimo tranquillante che si può bere due o tre volte al giorno, anche prima della doccia prima di andare a letto. L'olio di Omega-3 di pesce o in capsule fa molto bene, ma puoi anche utilizzare l'olio di cocco per cucinare e come sostituto della margarina o del burro. Tutti questi alimenti ti aiuteranno ad alleviare lo stress.

COSE DA EVITARE

Prova a fare uno sforzo concentrato per evitare i seguenti fattori di stress:

- Caffeina
- Alcol
- Droghe
- Conforti
- Sovralimentazione

FAI UNA DOCCIA AL MATTINO

Quando ti svegli, inizia la giornata con una doccia con acqua calda per circa due minuti. Poi abbassa la temperatura all'improvviso - non al gelo, ma a circa 20°. Rimani lì per due o tre minuti (potrebbe volerci un po' di pratica per abituarsi). La ricerca ha dimostrato che questo è un buon trattamento contro la depressione, perché l'abbassamento della temperatura della doccia può provocare il risveglio del corpo, poiché l'improvviso cambiamento di temperatura solleva il corpo dalla fatica e aumenta la vigilanza mentale.

FAI ESERCIZIO

Se puoi, pratica un po' di esercizio anche se hai molti impegni. Alcune persone hanno figli e la maggior parte di loro ha un lavoro, va a scuola o entrambe le cose. Cerca di essere più attivo: cammina veloce, vai in bicicletta, nuota o iscriviti in palestra. Tutto questo può esserti di grande aiuto, perché l'esercizio fisico regolare fa bene al cervello e fornisce altri benefici per la salute.

RESPIRAZIONE E VISUALIZZAZIONE

Poco prima di andare a dormire mettiti sul letto, sul

divano o sulla sedia, assicurati di avere la schiena dritta, chiudi gli occhi e rilassati.

Quando ti sentirai a tuo agio, fai un respiro profondo, lentamente, attraverso il naso, fino al conteggio di cinque secondi. Trattieni per due secondi. Espira attraverso la bocca contando fino a quattro secondi, espirando completamente e assicurati che la respirazione sia controllata.

Una volta che avrai compreso come fare, ti sarà possibile praticare le visualizzazioni, mentre fai l'esercizio di respirazione. Immagina scenari che ti rilassano, per esempio, pensa di essere seduto su una spiaggia: immagina che i raggi del sole ti riscaldino il viso, annusa la brezza dell'oceano, senti il verso dei gabbiani e il suono delle onde che si infrangono sulla riva. Usa la tua immaginazione per creare una scena tranquilla.

Hai bisogno di aiuto? Vai su YouTube e cerca qualcosa come "meditazione rilassante". Ci sono moltissimi brani di meditazione online gratuiti.

Puoi praticare l'esercizio di respirazione con o senza visualizzazione. Fai almeno dieci ripetizioni.

Potresti notare pensieri intrusivi o altre distrazioni che ti entrano nella mente. Lasciali fare, non dare loro alcun credito, non temerli, non significano nulla e sono completamente innocui.

Dopo aver fatto questo esercizio, dovresti sentirti rilassato. Rimani dove sei e tieni gli occhi chiusi. Torna a respirare di nuovo normalmente. Se sei stanco, potrai andare a letto.

Puoi fare questo esercizio anche al risveglio e durante il giorno. Quando l'avrai completato, continua la tua giornata. Con la pratica, questo esercizio contribuirà a farti sentire più rilassato e meno ansioso.

È importante implementare questa fase nella tua routine quotidiana. Una volta che l'avrai fatta diventare un'abitudine, potrai passare alla fase successiva. Tieni a mente, che dovrai continuare con gli esercizi di questa fase durante tutto il processo di recupero.

Se avrai seguito correttamente la fase precedente, dovresti sentirti un po' più rilassato e questo ti aiuterà ad essere più ricettivo nel prendere in considerazione il resto del programma. Ti consiglio di iniziare gli esercizi dalla prima fase e, oltre ad essi, di implementate anche quelli della prossima.

Smetti di chiedere rassicurazioni e di parlare della tua ansia. Non riesco a esprimere quanto sia importante smettere di chiedere rassicurazioni ad amici e medici e di parlare alla gente della propria condizione.

Sicuramente, non dovresti fare ricerche sulle condizioni di ansia, perché la ricerca è dannosa per la guarigione e può addirittura peggiorare il problema. Ho cercato rassicurazioni per oltre un anno e non ho mai fatto progressi. Sono passato da un medico all'altro e ho continuato a chiamare gli amici e, anche quando li vedevo per strada, non riuscivo a controllarmi. Ho chiesto rassicurazioni sui miei pensieri e sentimenti e se pensavano che mi sarei mai ripreso. Questo comportamento ha mantenuto viva la mia ansia e ha anche ha peggiorato le cose.

Hai parlato al tuo medico del problema e lui ti ha detto che hai l'ansia; non c'è bisogno di chiederglielo di nuovo, smettila di fare così.

L'ansia da sola non può farti del male. I tuoi pensieri paurosi, sono solo segnali erronei della tua mente, perché hai un'ansia di fondo.

Ho incontrato un bravo psicologo che mi ha spiegato, che le rassicurazioni e le discussioni sull'ansia la mantengono viva. Ho dovuto resistere all'impulso di fare queste cose, per quanto forti e preso una decisione.

Volevo riprendermi, perché ero stufo di avere l'ansia.

Non avevo altra scelta se non quella di smettere di chiedere rassicurazioni. Sono andato in crisi di astinenza, per così dire, ma anche se all'inizio è stato difficile, ho preso fiducia quando ho notato che l'ansia si stava placando.

Parlare di ansia può servire a rassicurarti, ma ti ricorda anche che ne soffri. Quello che si vuole fare qui, è far sì che il subconscio divida l'ansia formando nuove reti neurali.

Questa fase di "smettere di parlarne" ha contribuito in modo massiccio alla mia guarigione e lo farà anche per te, dovrai solo implementare questa fase prima di andare avanti.

La rassicurazione va bene fino a un certo punto. Quando le persone sviluppano l'ansia per la prima volta, si sentono spaventate e naturalmente fanno domande ad amici e medici. Le domande sul fatto che l'ansia sia pericolosa, che si possa guarire o che si stia impazzendo sono domande classiche per chi soffre di ansia, ma una volta poste, devi accettarne le risposte e non farle più.

Avere l'ansia non è un segno di debolezza o un segno di pazzia e, di certo, non è pericoloso, significa che ti vengono in mente molti pensieri e preoccupazioni. Devi riconoscere che si tratta di pensieri sbagliati, dovuti a un malfunzionamento dei circuiti e che sono cambiamenti, che si creano con l'ansia in primo luogo. Risolverai questi problemi seguendo questo sistema. Riconoscendo tali pensieri come segnali erronei, li disincentiverai, il che a sua volta darà inizio al processo di recupero.

Seguendo ogni fase di questo programma, ti riprenderai, forzerai il tuo cervello a ricablare i circuiti e a normalizzarsi e sostituirai le reti ansiose con quelle non ansiose. Il processo si basa su una caratteristica chiamata "neuro-plasticità" ed è scientificamente provato.

Da quanto fatto, finora, hai accumulato alcuni punti di forza e hai più coraggio quando si tratta di situazioni che tenderesti ad evitare o che ti provocano ansia. Dato che hai eliminato alcune delle voci inutili delle tue liste, è più facile concentrarsi sugli altri problemi che ti restano da affrontare. Questa settimana, ogni giorno dovresti concentrarti su di essi:

- Leggi il tuo elenco 2-3 volte al giorno.
- Registra i tuoi livelli di ansia e i tuoi progressi.
- Scrivi le tue preoccupazioni ipotetiche.
- Esprimi ciò per cui sei grato.

È stato un lungo processo che ti ha permesso di apprendere molte informazioni e tecniche che si concentrano su una vasta gamma di situazioni. Qui ti verranno presentate solo alcune altre tecniche che non sono così specifiche, come quelle di cui hai letto finora. Imparerai, poi, le strategie che possono essere utilizzate in una gamma più ampia per sviluppare i cambiamenti che desideri vedere e imparerai anche a migliorare la qualità generale della tua vita. Queste strategie dovrebbero essere considerate come un bonus in questo libro, fornendoti un po' di contenuti in più, nella speranza che tu possa trovare qualcosa che funzioni davvero per te.

STRATEGIE PER ALLEVIARE L'ANSIA

Quando si soffre di ansia, può diventare facile farsi prendere così tanto da pensieri e sentimenti negativi, da sentirsi come se non ci fosse speranza di sopravvivenza o di libertà dalla negatività. Si rimane così bloccati in quella mentalità negativa dove si teme di rimanerci per sempre, tuttavia, questo non potrebbe essere più lontano dalla verità. Si può, infatti, ottenere un sollievo dall'ansia. Questa sezione ti offrirà quattro modi in più per trovare sollievo dall'ansia nella tua vita e spero che alcune di queste strategie ti siano utili in qualche modo.

PENSIERO REALISTICO

Questo è un metodo in più per controllare le tue emozioni e pensare in modo ragionevole. Quando ti impegni in un pensiero realistico, stai identificando quali pensieri sono realistici e se ne trovi di non, fa sì che in qualche modo diventino ragionevoli. Quando fai questo, ti stai essenzialmente assicurando di poter correggere i pensieri in movimento.

Il primo passo di questo processo è sapere a cosa si sta pensando in primo luogo, perché è qui che entrano in gioco i tuoi strumenti di consapevolezza: quando utilizzi queste abilità, puoi identificare dove va la tua mente e questo può aiutarti a individuare ogni sorta di questioni in sospeso e pensieri non realistici. Identifica quali di questi pensieri ti fanno sentire male in qualche modo e prendili di mira. Ad esempio, se ti senti devastato dal fatto che un appuntamento sia andato male, hai un pensiero irrealistico, ma fai attenzione a come questo ti fa sentire e identifica cosa c'è dietro. Perché ti interessa il motivo per cui l'appuntamento non sia andato nel migliore dei modi? Sì, questo è simile all'identificazione automatica dei pensieri negativi, ma, in realtà, è esattamente quello dovresti fare qui, ovvero, identificare quel pensiero negativo in modo da poterlo semplicemente correggere con una breve frase.

La tua risposta all'essere arrabbiato per la serata, forse, è che non vuoi che il tuo partner non si senta amato o perché se ne va sempre e vuoi davvero essere sicuro che questo sia il compagno giusto per te. Quando ti fermi a guardare quel pensiero, potresti riconoscere che questa è proprio una reazione esagerata per un solo appuntamento, ti dici che se una relazione viene inficiata per un solo appuntamento, allora non è una relazione degna di essere vissuta. Correggendo quel pensiero e rendendolo più positivo, si risolve essenzialmente il problema nella propria mente e sei in grado di calmarti un po', perché in quel momento vedi la verità.

AFFIDARSI A UN TERAPEUTA

A volte, la cosa migliore che si può fare per l'ansia persistente è cercare un terapeuta, ma questo è molto più facile a dirsi che a farsi: anche se si sente di non averne bisogno, può valere la pena pensarci. I terapisti non sono malvagi o uno spreco di denaro, ma sono piuttosto utili, perché possono aiutarti ad affrontare ogni tipo di pensiero negativo e far sì che tu sia in grado di gestire meglio te stesso, indipendentemente dalla situazione. Attraverso questi processi, otterrai contenuti personalizzati che un libro non può fornirti, otterrai un feedback in tempo reale, che ti aiuterà a capire cosa stai facendo e se stai commettendo un errore nell'esecuzione di qualcosa.

Se pensi che la ricerca attiva di un terapeuta possa esserti utile, dovresti prendere un appuntamento con il tuo medico di famiglia per ottenere un consiglio o un'indicazione. A volte, il sistema sanitario nazionale, non copre alcuna terapia senza una prescrizione e il tuo medico, inoltre, sarà in grado di garantire che non ci siano cause fisiche ai sintomi che hai, in particolare dovute a problemi cardiaci.

Quando avrai una prescrizione o un'indicazione di terapia, potrai iniziare a pensare a quale tipo di terapia potrebbe funzionare meglio per te. Vorresti un terapeuta cognitivo-comportamentale? Una terapia tradizionale di conversazione? Un altro tipo di terapia? Esistono diverse forme di terapia per l'ansia e, in ultima analisi, sarai tu a dover scegliere quella migliore per te. Una volta presa una decisione, dovrai poi controllare i professionisti nella tua zona, convenzionati con il SSN, o se non lo sono, che siano alla tua portata.

Quando alla fine incontrai il terapeuta, tieni la mente aperta e tieni anche presente che dovrai aprirti con lui. Dovrai sentirti sicuro e a tuo agio con la persona con cui stai parlando. Tuttavia, è difficile giudicare solo dopo una singola seduta in molti casi, per cui cerca di incontrare il terapeuta almeno due volte, prima di decidere che non sia quello giusto per te. Trovare la persona giusta è essenziale, se vuoi essere sicuro che il tuo percorso terapeutico sia effettivamente efficace.

GIOCO DI RUOLO NEL PEGGIORE DEI CASI

Un'altra tecnica, che alcuni trovano utile nella gestione dell'ansia, è quella di impegnarsi in quello che è noto, come gioco di ruolo del peggior scenario possibile. In questo caso, si è sfidati ad immaginare il peggior finale possibile per qualsiasi situazione che provochi ansia. Ad esempio, se sei ansioso riguardo il divorzio, puoi fermarti e considerare quale sarebbe il peggiore scenario possibile, pianificando esattamente ciò che accadrebbe. Forse temi che il tuo futuro ex possa ottenere la piena custodia dei bambini e che possa mantenere il possesso della casa, lasciandoti con il mantenimento dei figli che non vedrai mai e che si alleeranno contro di te.

Fermati e gioca con questa situazione, considera quanto questo sia realistico. Quante volte i genitori perdono ogni contatto con i propri figli, a meno che non stiano facendo qualcosa che non va bene per loro? Con quale frequenza senti parlare di persone che si drogano e non possono mantenere la custodia dei figli o che abusano della stessa?

Quanto è probabile che il tuo ex si fermi, prenda i bambini e scappi? Perché il tuo ex vorrebbe fare qualcosa di così negativo per i vostri figli, i quali trarrebbero beneficio dalla presenza di entrambi i genitori, salvo abusi o negligenze?

Quando smonti la situazione, inizi a renderti conto che le possibilità che il tuo scenario peggiore si verifichi effettivamente, sono estremamente scarse e questo ti darà la tranquillità di cui hai bisogno per andare avanti senza ulteriori ansie sull'argomento.

PORTARE UNA SITUAZIONE FINO ALLA FINE

L'ultimo dei metodi per affrontare l'ansia che imparerai, è quello di giocare una situazione fino alla fine. In questo caso, dovrai pensare a considerare la tua paura e a permetterti di pensare a cosa accadrà realmente in quella particolare situazione. Ad esempio, forse la tua paura è che domani, quando andrai al lavoro verrai licenziato, perché sei stato malato per una settimana e sarai rimasto indietro con un sacco di lavoro. La tua ansia ti tiene sveglio e sai che hai bisogno di dormire, ma non riesci a farlo.

In questo caso, quello che dovresti fare è fermarti, pensare a quella paura e poi giocare a come pensi che andrà. Se hai paura di essere licenziato quando ti presenti in ufficio, immagina cosa pensi che accadrà realisticamente. Forse immagini di arrivare e vedere il tuo capo venirti incontro. Piuttosto che pensare che venga a dirti che dovete parlare in privato, pensa che ti chiederà se stai meglio e ti dirà che sei mancato a tutti e, che non dirà una parola sul fatto che sei stato in malattia, perché è un buon capo e capisce che a volte le persone si ammalano.

Poiché si pensa a un finale realistico, si è in grado di contrastarlo con lo scenario peggiore che si può avere sviluppato, anche per quella particolare situazione. Sei in grado di guardare le due cose e ti rendi conto che andrà tutto bene. Sai che essere licenziato è una possibilità, ma è sempre una possibilità. Si può sempre essere licenziati da qualsiasi lavoro, per qualsiasi motivo. Ora, sei in grado di rilassarti un po' e di dire a te stesso che le cose andranno bene, il che, ti permette di addormentarti finalmente e di ottenere il riposo di cui hai bisogno.

STRATEGIE PER MIGLIORARE LA QUALITÀ DELLA VITA

Ora, ti guiderò attraverso diversi passaggi, per migliorare la qualità della tua vita. Questi sono altri modi che possono aiutarti e che non sono necessariamente studiati per l'ansia in particolare, ma possono aiutarti a trovare più piacere e valore nella tua vita. Mentre attraversi questo processo e segui queste quattro diverse attività, immagina come potresti applicarle alla tua vita, per renderla come la vorresti. Potresti renderti conto che ci sono diversi modi in cui aumentare la positività nella tua vita, che potrebbero avere il piacevole effetto collaterale di diminuire la tua ansia.

COMPRENDERE IL LINGUAGGIO DEL CORPO

Nell'imparare a leggere meglio il linguaggio del corpo degli altri, si fanno due cose che ci insegnano a leggere gli altri in modo da sapere cosa stanno pensando in ogni momento. Assicurati, anche di essere in grado di sviluppare le capacità per agire, in modo che siano direttamente collegate all'umore che vorresti avere. Ricorda di fingere fino a quando non sarai in grado di farlo in automatico e quando ti sarai impegnato ad imparare a leggere il linguaggio del corpo delle altre persone, sarai in grado di utilizzare meglio il linguaggio del tuo corpo. Inoltre, inizierai a riconoscerlo imparando cosa significa e così facendo, sarai in grado di capire meglio gli stati d'animo delle altre persone, quando generalmente si fa fatica a comprenderli.

STUDIARE L'INTELLIGENZA EMOTIVA

L'ultimo consiglio che riceverai in questo libro, è quello di imparare a diventare un individuo più intelligente dal punto di vista emotivo, in questo modo, sarai più capace di muoverti in contesti sociali. Sarai in grado di sapere come controllare te stesso e i tuoi comportamenti e di assicurarti di essere capace di comportarti sempre in modo corretto in ogni situazione. Stai anche iniziando a sviluppare la fiducia in te e inizi a pensare di aver bisogno di ottenere le competenze desiderate per tenere a bada la tua ansia. Imparando ad essere emotivamente intelligente, stai dicendo che vuoi migliorarti, riconoscendo di poterlo fare e troverai sempre la luce alla fine di una situazione buia, non importa quanto piccola possa essere quella luce, perché essa può guidarti verso un'esperienza di apprendimento, che potresti trovare incredibilmente benefica per te stesso.

CAPITOLO 5: APPROCCI COGNITIVO-COMPORTAMENTALI

LA MOTIVAZIONE PER CAMBIARE

Alcune persone lottano contro la motivazione del cambiamento legata alla loro ansia, forse, perché gli ostacoli da superare sembrano troppo grandi. Normalmente, quando si pianifica un cambiamento, le persone passano attraverso cinque fasi:

Pre-contemplazione

Nella fase di pre-contemplazione, si pensa che sia possibile ridurre l'ansia, ma non ci si è ancora impegnati a fare un cambiamento.

Contemplazione

Nella fase di contemplazione, si pianifica di lavorare per ridurre la propria ansia in futuro, ma non si ha ancora intrapreso alcuna azione in tal senso.

Preparazione

Nella fase di preparazione, si passa alla pianificazione attiva di come ridurrete l'ansia nel prossimo futuro.

Azione

Durante la fase di azione, si lavora attivamente per apportare un cambiamento legato alla propria ansia.

Manutenzione

Nella fase di manutenzione, ci si impegna a non ricadere in vecchi schemi di pensieri e comportamenti ansiosi.

Se stai leggendo questa parte, probabilmente ti sei già destreggiato attraverso le prime due fasi e stai pianificando attivamente di affrontare la tua ansia. Se avessi ancora difficoltà ad impegnarti a cambiare, poniti le seguenti domande e scrivi le risposte nell'apposito spazio:

Quali sono i pro e i contro del trattamento della mia ansia?

Come sarà la mia vita tra 20 anni se avrò ancora l'ansia? Come sarà la mia vita se non ce l'avrò più?

IMPEGNARSI A STARE MEGLIO

Anche se ho cercato di rendere questo libro il più semplice possibile, sta comunque a te impegnarti a migliorare le cose. È probabile che, nelle prossime sette settimane, la vita ti darà filo da torcere, ma non lasciare che questo ti scoraggi. Trova il tempo per affrontarla, proprio come cerchi di trovare il tempo per fare esercizio, mangiare bene e riposare a sufficienza, perché la tua salute mentale merita la stessa attenzione.

Programma il tempo ogni settimana per leggere un capitolo e fare gli esercizi, segna una X sul calendario una volta ogni settimana, poi circonda una data di fine in rosso in modo da avere una scadenza e ricorda che sono solo sette settimane. Il tempo passerà comunque, tanto vale che tu faccia dei progressi.

Le abitudini sono la linfa vitale della giornata di tutti. Ce l'abbiamo tutti. Che ti piaccia o no, consciamente o inconsciamente, le abitudini fanno parte della nostra giornata in modi che la rendono insostituibile.

Come macchina produttiva, la mente e il corpo umano sono molto efficienti e, parte di ciò, è dovuta al fatto che abbiamo delle abitudini.

Immagina quanto sarebbe complicato dover pensare le cose manualmente: dovresti delineare i compiti più banali della tua mente, cose della vita che ti fanno svegliare, alzarti, camminare verso la cucina, ecc.

Le abitudini sono utili, ma se ne costruiamo di cattive, queste ci trascineranno in una spirale discendente. Dovrai uscire dalla tua zona di comfort e cambiare le abitudini che hanno rovinato la tua salute e hanno avuto un effetto negativo sul tuo stato mentale.

IDENTIFICARE I PROPRI PENSIERI

Pensa a una situazione recente in cui hai provato una forte ansia. Forse, ne hai identificata una nel tuo diario delle preoccupazioni che puoi usare qui come esempio.

Quale evento hai identificato? Pensaci il più vividamente possibile. Chi c'era, dov'eri, a che ora del giorno? Gli eventi possono essere situazioni, ma possono anche essere pensieri o ricordi.

Pensa, poi, alle conseguenze della situazione in termini di sentimenti e comportamenti. Quali sentimenti hai avuto e quali azioni hai intrapreso? Scrivi i tuoi pensieri nello spazio sottostante.

Scegli l'unica sensazione o emozione che ti è sembrata più forte in relazione all'evento e cerchiala.

\--
\--
\--
\--
\--
\--

Ora, prenditi un momento per scavare e individuare i pensieri, gli atteggiamenti, le percezioni o le aspettative che hai avuto durante questa situazione. Se hai difficoltà a identificare i tuoi pensieri, considera che tipo di pensieri avrebbero potuto portare alle sensazioni che hai avuto. Prendi un momento e scrivile qui sotto. Scegli quello che ti dà più fastidio e cerchialo.

\--

ABITUDINI SALUTARI

Adottare abitudini positive è sempre difficile all'inizio, è meglio, quindi non abbattersi troppo. Devi capire che le tue abitudini attuali hanno richiesto tempo per diventare parte integrante della tua routine, quindi anche l'adozione di nuove abitudini richiederà un po' di tempo.

La chiave per la formazione dell'abitudine, il suo e persino la sua rivalutazione sono la coerenza, perché, con coerenza, un'abitudine può essere formata o cambiata a tuo piacimento, perché essa è il carburante su cui si costruiscono le abitudini e le fondamenta su cui si basano.

Prima di esaminare alcune delle abitudini che ritengo ti saranno utili, è importante che ti impegni DIRETTAMENTE a non arrenderti, a essere coerente e a rimanere positivo.

Mangiare sano

La prima abitudine da adottare è quella di mangiare bene.

Per mangiare bene intendo mangiare gli alimenti che servono al corpo e alla mente, alimenti che ti spingono verso una vita sana e felice, lontano delle visite mediche e delle malattie.

Mantieniti idratato avendo sempre con te una fonte d'acqua e assicurandoti di bere ogni ora. L'idratazione è un fattore che cambia le carte in tavola quando si tratta della salute. Non ci credi? Prova a idratarti bene per 30 giorni di fila e vedrai come ti sentirai bene, sicuramente non vorrai più sentirti disidratato e letargico.

Mangiare sano è un'abitudine difficile da adottare, ma per fortuna viviamo in un'epoca in cui la rete è piena di ricette salutari di grande gusto che richiedono anche solo una mezz'ora per essere preparate. Hai un sacco di responsabilità che richiedono molta energia e ti lasciano pochissimo tempo, quindi, cucinare può essere un ottimo modo per te per rilassarti e preparare porzioni per due pasti riduce il tempo complessivo speso per la preparazione del cibo rispetto che per scongelare e cucinare cibi in scatola o precotti.

Sorridere

Serotonina. Se vuoi più di questa sostanza chimica nella tua vita, fidati di me, e, no, non c'è bisogno di buttare via i soldi duramente guadagnati per potervi accedere. Non devi chiedere a un farmacista o a un erborista, il metodo migliore per ingerirla.

Al contrario, ti basterà sorridere.

Sorridendo, rilasci naturalmente serotonina, perché un sorriso può alterare il tuo umore. Non devi aspettare di sentirti felice per sorridere. Se sorridi, rilascia serotonina e ti sentirai felice. A volte potrebbe essere necessario un motivo per sorridere, quindi, pensa a un film divertente che ami o a qualcosa di stupido a cui hai assistito o ancora più divertente, qualcosa di stupido che hai fatto una volta.

Mentre lo fai, sentirai bussare alla porta della tua mente: è un pensiero felice, lascialo entrare, lascia correre questa sensazione e ti accorgerai che avrai un sorriso genuino dipinto sul viso.

Quando sorridi, non sei solo tu a trarne beneficio, ma

anche tutti quelli che ti circondano. Il tuo sorriso può servire come un modo per rilassare chi ti sta intorno. Inoltre, sentiranno la tua energia e, essendo l'essere umano una specie che imita, potrebbero anche iniziare a sorridere loro stessi. Credimi, sorridere non è solo gratuito, è la soluzione definitiva per sentirsi bene, quindi, sorridi e TANTO!

Dormire

Il sonno è un mistero. Sappiamo che è vitale avere un sonno adeguato, ma gli scienziati non sono ancora stati in grado di individuare le ragioni esatte per cui sia così necessario.

I camionisti sono già obbligati per legge a fermarsi e a riposare e, con i rischi che ciò comporta, non c'è da stupirsi che i poliziotti controllino anche i guidatori abituali per verificare che non soffrano di sonnolenza.

Forse, ti senti sotto pressione, perché non riesci a dormire per almeno otto ore, ma la buona notizia è che questa regola non si applica necessariamente a tutti.

Il numero di ore di cui hai bisogno dipende da molti fattori e non dovresti sentirti obbligato a dormire proprio per otto ore, perché la maggior parte delle persone può cavarsela anche con sei ore di sonno. Puoi modificare alcune abitudini o comportamenti che ti aiuteranno ad addormentarti più velocemente e a migliorare la qualità del tuo sonno.

Questi pochi semplici miglioramenti alla tua routine quotidiana ti aiuteranno ad ottenere il riposo di cui hai bisogno:

- Non utilizzare alcun dispositivo elettronico almeno un'ora prima di andare a letto. È importante preparare il corpo per il sonno.

- Non guardare la TV almeno un'ora prima di andare a letto, questo include i lettori di eBook. Trascorri quest'ora a preparare il corpo per il sonno leggendo un libro mentre sorseggi una tazza di tisana e lavorando a questo programma.

- Niente cibo almeno due ore prima di dormire. Pianifica la tua giornata in modo che l'ultimo pasto della giornata non sia troppo tardi. La sera è il momento di prepararsi per il sonno, quindi evita la caffeina.

- Salta il caffè o il tè nero durante la cena e bevi invece acqua o tè alla frutta, evita i succhi di frutta perché hanno un alto contenuto di zucchero. Bere bevande contenenti caffeina rende più difficile addormentarsi e, una volta addormentato, la caffeina tende a causare incubi.

- Elimina le fonti di luce dalla camera da letto. Rendi la tua camera da letto più buia possibile durante la notte. A causa di un gran numero di vari dispositivi che la casa moderna contiene, di notte la tua camera da letto potrebbe apparire come un pannello di controllo di un'astronave. Copri anche tutte quelle luci lampeggianti.

- Vai a dormire ad un orario costante. Il tuo corpo entrerà in uno schema e l'addormentamento sarà automatico. Potresti essere incline a stare alzato fino a tardi nei fine settimana per recuperare lo spettacolo che ti sei perso durante la settimana lavorativa, ma dovresti andare a dormire e svegliarti alla stessa ora anche durante il week end.

- Esercizio. L'aumento dell'attività fisica migliora l'umore, la salute e riduce il rischio di sviluppare l'insonnia.

- Trascorri cinque minuti prima di andare a dormire scrivendo il tuo programma per il giorno successivo. Studi recenti hanno dimostrato che scrivere una lista di cose da fare "scarica" i pensieri sulle attività che devono essere fatte e questo riduce la preoccupazione e permette di addormentarsi più velocemente.

In più, l'alcol ha un effetto negativo diretto sui tuoi organi e sul sistema nervoso. Qualsiasi sollievo a breve termine che potresti sentire al momento dell'assunzione di alcol è di breve durata, poiché viene rapidamente sostituito da un picco di ansia. Bere alcolici per ottenere un buon riposo notturno è come fumare qualche sigaretta per migliorare le proprie prestazioni durante una maratona. L'alcol blocca il sonno REM e influisce sulla normale produzione di sostanze chimiche nel corpo. Si finisce per svegliarsi senza aver ottenuto il necessario riposo. Potresti pensare di aver bisogno di dormire più a lungo, ma la vera soluzione è l'eliminazione dell'alcol e la stessa quantità o anche meno tempo di sonno ti permetterà di ottenere il riposo, che sognavi da tanto tempo.

Immagina di svegliarti pieno di energia e ben riposato.

Questo motivo da solo è sufficiente per smettere di bere. L'uso di sonniferi è un argomento delicato perché la lista dei possibili effetti collaterali è molto ampia. Studi a lungo termine dimostrano che i sonniferi possono aumentare il rischio di infarto del 50%, si può rischiare la salute per ottenere benefici molto limitati. Se ti affidi ai sonniferi, in questo momento, sii consapevole dei rischi che ne derivano e usa, piuttosto, le tattiche di cui abbiamo parlato e spero che presto sarai in grado di dormire senza usare medicine.

Attività fisica

La progressione del disturbo d'ansia, può essere legata alla diminuzione dell'attività fisica. Creare una routine quotidiana è incredibilmente allettante. Ti svegli, vai al lavoro, torni a casa, guardi la TV o giochi e vai a letto. Ci si sente esausti e sembra un compito impossibile da svolgere.

La mancanza di tempo percepita è un ostacolo enorme. Per la maggior parte di noi, l'unica scelta è quella di fare sport o di riposare, ma questo è un dilemma che si risolve da solo, perché la resistenza iniziale deve essere risolta.

Tutte queste abitudini richiedono di tenere traccia delle proprie abitudini e di cambiare ciò che si fa e come si trascorrono le giornate, le notti e le serate.

Per migliorare la tua salute fisica e mentale, l'esercizio fisico è uno strumento potente. Tutte queste abitudini sane sono utili, ma solo se ne implementerai alcune vedrai dei risultati significativi, perché le abitudini sane amplificano gli effetti positivi l'uno dell'altro.

Mangiare e dormire in modo sano aumenta i livelli di energia, il che ti darà energia extra per fare esercizio.

Esercizio fisico non significa passare almeno un'ora al giorno in palestra, significa aumentare l'attività fisica quotidiana.

Potresti non essere in grado di spendere tempo e denaro in palestra, ma i cambiamenti nella tua routine quotidiana ti daranno risultati incredibili. Una soluzione alla mancanza di tempo per l'esercizio fisico è la sostituzione delle attività correnti: invece di guardare la TV, rilassati andando a fare una passeggiata o una corsa. Durante la pausa pranzo, potresti andare a mangiare fuori e il tempo che ti resta potresti utilizzarlo per camminare un paio di volte intorno all'isolato.

Questo semplice cambiamento nella tua routine farà miracoli.

Tornerai al lavoro riposato e pieno di energia per finire i

compiti, invece di limitarti a fare il giro della città per il resto della giornata. A volte, ci si ritrova a pensare agli ostacoli e non si notano le soluzioni che si trovano proprio davanti a noi.

Passare un po' di tempo all'esterno e fare quel piccolo esercizio è come premere un pulsante di riavvio. Riposarsi è importante tanto quanto lavorare. Esercitarsi e stare all'aperto, permette di ottenere il necessario riposo dal proprio lavoro e permette di affrontare i compiti in modo molto più efficiente, questo ridurrà lo stress e il lavoro eccessivo, poiché i compiti saranno terminati in tempo e non dovrai correggere gli errori. Lavorare mentre si è stanchi può essere peggio che non fare nulla, perché sei molto più incline a commettere errori, che richiedono di rivedere e correggere tutto in un secondo momento. In questo modo, l'esercizio fisico e il riposo ti faranno risparmiare tempo. Non fare abbastanza esercizio fisico fa male al sistema immunitario, riducendo la capacità di combattere le infezioni.

Basta camminare ovunque, prendere le scale e sfruttare ogni opportunità di essere fisicamente attivi. La cosa migliore da fare è entrare a far parte di una squadra sportiva di qualsiasi tipo, può essere il basket, il calcio o qualsiasi altro sport di squadra. Essere un membro della squadra ti permetterà di ottenere un sostegno reciproco, di passare molto tempo con nuovi amici e ti darà più forza di resistenza, in quanto, sarai impegnato con una squadra e ti sentirai parte di essa. Essere responsabili verso gli altri può anche essere spesso l'unica cosa che ci impedisce di arrenderci: la capacità di rendere conto a qualcuno, incoraggia il carattere e lo rafforza.

Come ho detto, i social media sono diventati la distrazione più comune che le persone affrontano. Sappiamo tutti che la tecnologia gioca un ruolo enorme nella vita delle persone. Credo che sia anche alla base del procrastinare.

Dal momento che c'è la tecnologia, non devi preoccuparti di porre fine alla tua abitudine di rimandare. Perché? Ci sono molti modi per superare l'abitudine a rinviare a domani le cose da fare. Sì, per esempio, attraverso la motivazione si può superare la procrastinazione, ma le applicazioni e gli strumenti sembrano più pratici della motivazione. Non è vero? Se stai cercando le migliori tecniche anti-rinvio, sappi che ce ne sono molte.

Piccole abitudini, grandi cambiamenti

Sai già, che le piccole abitudini hanno un impatto maggiore sulla tua vita. Per esempio, se ti lavi due volte al giorno, non vedrai subito i cambiamenti, ma quando invecchierai avrai un bei denti. Proprio così, quando pratichi abitudini semplici, all'inizio, non ci sarà un impatto enorme, ma arriverà in seguito, quindi, ecco alcuni dei consigli che dovresti seguire:

Sii organizzato

Pensi che i piani non possano cambiare il tuo livello di produttività? Beh, prova a creare un programma, magari per il lavoro che hai per la prossima settimana o per quello che dovresti completare entro domani, attieniti, poi, al piano e guarda cosa succede. Potrebbe sembrare semplice e potresti anche chiederti, se un piano semplice, può portare a così tanta differenza. Beh, sì che può! Attraverso un programma, si organizza il lavoro che si deve fare e si capisce chiaramente il processo. Per esempio, devi finire un progetto enorme, ma se lasci che il progetto rimanga così grande, non ti sentirai di iniziare, non sarai in grado di vedere la quantità di lavoro che dovrai fare in un giorno per finirlo e questo creerà noia e ritardo. Dovrai, pertanto, organizzare il lavoro che hai. Per fortuna, ci sono così tanti strumenti e applicazioni che si possono trovare per organizzare il lavoro (di questo parleremo più avanti).

Rendilo semplice

Un altro motivo comune per procrastinare è dovuto al fatto di avere compiti complessi. Naturalmente, alcuni compiti possono essere complicati, ma non è che non sia possibile semplificarli. Per questo, bisogna stabilire obiettivi semplici e raggiungibili. Invece di dire "completerò il progetto", dovresti dire: "Oggi completerò la prima parte del progetto". Quando lo fai sembrare semplice, in realtà lo sarà davvero.

Crea un programma

Una volta che si ha un obiettivo, è importante programmarlo, perché il lavoro programmato ha un tasso di realizzazione più elevato. Dividi il tuo lavoro in parti e fissa una scadenza. Se si stabilisce la propria scadenza, si sarà in grado di raggiungerla prima che quella effettiva ti faccia impazzire. A volte, nella vita ci si può imbattere in situazioni inaspettate, quindi, completare il lavoro prima della scadenza ti aiuterà a rimanere nella zona di comfort.

Metti da parte le distrazioni, potresti già conoscere le cose che ti distraggono. Ad esempio, se sei dipendente da Facebook, non tenere il telefono vicino a te fino a quando non avrai finito il lavoro, oppure, se sei appassionato di Instagram, rimani offline finché non finisci. Nel momento in cui vedrai la notifica, potresti voler controllare i messaggi anche se avrai così tanto da fare, quindi, è meglio mettere da parte tutte le distrazioni e concentrarsi sul lavoro che hai da fare.

La tecnica pomodoro

Se non sai cosa significa, questo approccio aiuta a lavorare per 25 minuti e a fermarsi per una pausa di 5 minuti. La maggior parte delle persone considera questo come una soluzione efficace ed eccellente per evitare di procrastinare e, a mio avviso, questa è una tecnica fantastica e si possono fare molte cose seguendo questo approccio. Inoltre, con questo metodo, potrai garantire anche la qualità del tuo lavoro. Durante la pausa, non dovrai distrarti, quindi fai qualcosa come ascoltare la musica, camminare o anche urlare per liberarti dallo stress, ma qualunque cosa sia, assicurati che ti faccia sentire rilassato e a tuo agio, per cui, l'attività che hai scelto di fare dovrebbe essere una cosa che ti piace, ma che non distoglierà la tua attenzione!

Premiati

Non credo che nessuno odi le ricompense, quindi ti consiglio vivamente di ricompensarti quando segui il tuo programma. Per esempio, se ti sei prefissato l'obiettivo di scrivere 2500 parole entro 5 ore, devi concederti un premio una volta raggiunto! Puoi ricompensarti con un gelato o con un episodio del tuo programma preferito, tuttavia, assicurati di tornare alla tua routine una volta goduto il premio.

Il mito di fare la cosa difficile

Finora, probabilmente avrai sentito dire che è meglio iniziare prima dalle cose difficili, per poi concludere le altre cose da fare. DAVVERO? Lascia che te lo chieda di nuovo, DAVVERO? La regola di fare le cose difficili per prime, per me, non funziona. Se funziona per te, allora, per favore ignora questo punto, ma se ci pensi bene, capirai il concetto di fondo. Quando si fa ciò che è possibile, si diventa più motivati a fare anche le cose difficili, inoltre, quando si cerca di fare le cose difficili e se questo diventasse più difficile di quanto sembrasse, si potrebbe anche ritardare il lavoro, per cui, di solito è meglio fare prima le cose gestibili.

Queste sono le piccole abitudini e i piccoli cambiamenti che si devono incorporare per diventare un individuo produttivo, ma ci sono molti altri consigli anti-procrastinazione che voglio condividere con te.

La tecnica per cominciare

Se vuoi fare qualcosa, devi iniziare a farlo. Le persone di solito rinviano l'inizio di un progetto, per cui è importante non sottovalutare le tecniche per iniziare. Come si può fare? Iniziare un progetto o un'attività non sarà facile. Ogni volta che hai intenzione di svolgere un compito, avrai bisogno di qualcosa per migliorare il tuo umore. All'inizio, iniziare può essere difficile, ma quando si va avanti con il compito, può iniziare a sembrare possibile. Confronta, quindi, il modo in cui ti senti quando inizi quel lavoro e il modo in cui ti senti quando sei in ritardo o lo rimandi.

Iniziare il progetto è importante, quindi, non importa anche se si fa una piccolissima parte dell'intero progetto. C'è un trucco per far sì che la tua mente sia focalizzata sull'obiettivo e sul lavoro. Quando si tiene la mente occupata pensando al lavoro da svolgere, si potrebbe in qualche modo finire per avviarlo, perché è faticoso pensare, quindi, alla fine si finisce per iniziare a lavorare.

Per esempio, diciamo che dovresti modificare un articolo. Se non inizi, non finirai mai. Prendi, quindi, la bozza e inizia a cambiare qualche parola, alla fine, riuscirai a cambiare le sezioni principali e quasi a finire l'articolo e lo farai senza costringerti a farlo, il che è incredibile!

Potresti, anche, impostare un timer. Cosa si può fare con un timer se non si riesce a iniziare a lavorare? Semplice, imposta il timer a dieci minuti o meno e, poi, una volta che il timer inizia a funzionare, rimani seduto, anche se non inizi, continua a rimanere seduto. È un trucco facile, perché quando sei all'interno del tuo spazio di lavoro non puoi fare a meno di lavorare.

Questi trucchi e consigli, potrebbero aiutarti a migliorare il tuo lavoro. Il mantra più semplice è INIZIA!

Strumenti e applicazioni utili

Ora che hai imparato quasi tutti i possibili metodi e trucchi, è il momento di prendere confidenza con gli strumenti e le applicazioni disponibili. Battere la procrastinazione non sarà facile finché non riceverai aiuto dalla tecnologia che hai incolpato per la tua riluttanza. Ci sono così tanti ottimi strumenti e app tra cui scegliere, ma parleremo solo di alcuni di questi su cui potrai fare affidamento.

Procraster

Si tratta di una delle app che aiutano a battere la procrastinazione. L'app ti supporterà durante tutte le procedure fornendoti le risposte e i consigli giusti per quanto riguarda l'opzione da te fornita. Troverai un ritmo per il tuo lavoro e potrai anche controllare le statistiche relative alla produttività, che diventeranno una motivazione per raggiungere gli obiettivi.

Freedom

Questa app offre la massima tranquillità aiutandoti a concentrarti sulle cose importanti e ad evitare distrazioni.

Una volta che l'app lo fa per te, sarai in grado di concentrarti sul tuo lavoro. Le persone spesso rinviano quando passano lentamente da un compito importante a un'altra attività divertente. Ad esempio, diciamo che stai lavorando a un progetto, ma nel frattempo stai scorrendo le news di Facebook, quindi pensi davvero di poter dare il meglio di te per lavorare? Non credo. Quando la tua attenzione è divisa tra altre attività non importanti, non sarai in grado di dare il meglio. L'app Freedom, ti aiuterà bloccando siti come Twitter, Facebook ecc. e quasi tutti i siti che richiedono molto tempo, quindi, non c'è motivo per non prenderla in considerazione.

Todoist

Questa è una delle applicazioni più popolari che potresti aver incontrato spesso. Le persone di solito procrastinano, perché non hanno un piano adeguato o perché non sanno quale sarà il prossimo compito da svolgere. Se hai un piano strutturato, sarai in grado di avere sotto controllo il compito che dovrai svolgere in seguito e, con l'aiuto dell'applicazione Todoist, potrai creare un programma per portare a termine il tuo lavoro. Potrai usare questa app per tracciare e sincronizzare i compiti con il tuo cellulare e altri dispositivi.

Spotify

Questa applicazione ti aiuterà a divertirti mentre lavori. Ogni volta che trovi noioso il tuo lavoro, puoi ascoltare della bella musica su Spotify e questo potrebbe aiutarti a evitare di procrastinare. Inoltre, se cerchi alcune canzoni motivazionali, sarai più propenso a lavorare.

Tomato Timer

Ho già parlato della Tecnica del Pomodoro e questa app si lega ad essa. Di solito si procrastina quando non si ha voglia di fare un grande lavoro, ma bisogna comunque portare a termine gli impegni presi e per questo bisogna dividere il compito più grande in compiti più piccoli. L'app Tomato Timer, ti aiuterà a portare a termine le cose dividendole in sotto-compiti: basta impostare un timer e sarai in grado di portare a termine il lavoro.

Anche se ci sono molti altri strumenti e app che potrai prendere in considerazione, questi sono per me i più interessanti e utili!

Scegli lo strumento o l'app più adatta secondo le tue preferenze e usala!

CAPITOLO 6: ESERCIZI E ATTIVITÀ PER L'ELABORAZIONE DELL'ANSIA

RISCALDAMENTO

1. Chiudi gli occhi e fai un respiro profondo, inspirando ed espirando lentamente.
2. Visualizza qualcosa che ti provoca ansia o panico.
3. Assicurati di concentrarti su qualcosa di minore per creare un leggero disagio piuttosto che sintomi di attacco di panico.
4. Immagina questa cosa che ti mette ansia e immagina di essere lì con essa in questo momento.
5. Ora rivolgi la tua attenzione su te stesso. Cosa noti nel tuo corpo? I tuoi pensieri? Le tue emozioni? Rimani qui con queste esperienze.
6. Apri gli occhi e permetti a te stesso di tornare ad uno stato di calma e di rilassamento, facendo diversi respiri lenti e profondi.

Ricorda che questa rilassante strategia fisica è a tua disposizione in qualsiasi momento.

ESPOSIZIONE INTEROCETTIVA 1

Di seguito sono riportate alcune delle risposte fisiche comuni a un attacco di panico. La prima volta che inizi con questo esercizio, scegline solo una o due da completare. Inizia scegliendone una e, dopo averla finita, passate alla successiva.

Difficoltà di respirazione

1. Respira rapidamente e poco profondo per trenta secondi, imitando uno stato di iperventilazione.
2. Esamina il tuo corpo dalla cima della testa verso il basso attraverso le dita dei piedi. Senza fare autocritica, osserva tutte le tue sensazioni fisiche, grandi e piccole.
3. Mantieni l'attenzione sulle sensazioni del tuo corpo: non giudicarle e non cercare di cambiarle. Sii presente con loro piuttosto che evitarle.
4. Dopo alcuni minuti, fai alcuni respiri lenti e profondi per prepararti al prossimo esercizio di respirazione.

Frequenza cardiaca accelerata

1. Corri sul posto, sali e scendi le scale e/o fai dei salti per due minuti o fino a quando la tua frequenza cardiaca non aumenta al punto da poterla sentire.
2. In piedi o seduto, a seconda dei tuoi gusti, volgere l'attenzione al petto. Senza fare autocritica, osserva tutte le tue sensazioni fisiche, grandi e piccole. Cosa senti nel tuo petto? Come

sono gli effetti che si propagano dall'esterno verso il resto del corpo?

3. Mantieni l'attenzione sulle sensazioni del tuo corpo, non giudicarle e non cercare di cambiarle. Sii presenti con loro piuttosto che evitarle.

4. Dopo alcuni minuti, fai alcuni respiri lenti e profondi.

Vertigini

1. Gira su una sedia da ufficio o stai in piedi in un'area relativamente aperta e inizia a girare su te stesso. Fallo per circa un minuto o fino a quando non ti sentirai un po' stordito, ma fermati prima di cadere o di sentirti male.

2. Rimani in piedi o siediti. A te la scelta.

3. Mantieni l'attenzione sulle sensazioni del tuo corpo, non giudicarle e non cercare di cambiarle. Sii presente con loro piuttosto che evitarle.

4. Dopo alcuni minuti, fai qualche respiro lento e profondo.

Disturbi alla testa e alla vista

1. Siediti e piegati in avanti in modo che la fronte poggi sulle ginocchia. Rimani in questa posizione per 30-60 secondi e poi alzati rapidamente e bruscamente.

2. Prendi immediatamente un libro, un giornale o una rivista e cerca di leggerli.

3. Mantieni l'attenzione sulle sensazioni del tuo corpo, non giudicarle e non cercare di cambiarle. Sii presente con loro piuttosto che evitarle.

4. Dopo alcuni minuti, fai alcuni respiri lenti e profondi.

ESPOSIZIONE INTEROCETTIVA 2

Congratulazioni per essere tornato qui per il secondo giorno di esercizi! Il tuo auto-impegno e la tua volontà di andare avanti, anche se è difficile, alla fine ridurrà la tua ansia e renderà migliore la tua vita.

La seconda parte di questo esercizio di esposizione è come la prima parte di prima. Ora scegli le due sensazioni corporee che non hai scelto ieri. Quando le avrai complete-tate, passa all'esercizio successivo.

Un prato di montagna sereno (15 minuti)

1. Imposta il timer per 15 minuti.
2. Chiudi gli occhi e fai diversi respiri lenti e profondi. Inspira attraverso il naso. Pausa. Espira attraverso la bocca.
3. Immagina di trovarti in mezzo a un bel prato di montagna. Fiori viola, bianchi, rossi, rossi e gialli ondeggiano dolcemente nella brezza. Il cielo è di un blu profondo. Nuvole bianche soffici scivolano lentamente nel cielo. Girati lentamente e guardati intorno. Cos'altro vedi?
4. Continua a respirare lentamente e profondamente. Annusa il mite profumo dei fiori, lascia che ti riempia i sensi.
5. Senti il calore del sole sulla pelle. Gira il viso verso il sole caldo e lascia che un sorriso si diffonda sul tuo viso mentre ti godi la temperatura. Sentirai un soffio di brezza calda sulla pelle.

6. Comincia a notare i suoni delicati, il suono gorgogliante di un ruscello vicino. Le api ronzano in lontananza. Fai attenzione al loro ronzio ritmico. Sai che non c'è nulla di cui preoccuparsi, le api in questo prato sono speciali. Non pungono. Sei libero di muoverti, spensierato.

7. Individui un masso nelle vicinanze. Mentre cammini verso di esso, i fiori ti baciano i piedi nudi, facendoti il solletico. Un uccello vola sopra di te. Raggiungi il masso e noti che in cima c'è una crepa perfetta, proprio della tua taglia. Arrampicati e muoviti leggermente per sentirti comodo. Ci stai facilmente e il masso ti culla comodamente. Non sembra affatto difficile. Metti le piante dei piedi e i palmi delle mani in piano sulla superficie della roccia e goditi il calore. Ancora una volta, inclina il viso verso il sole e sorridi.

8. Ti siedi così, godendoti le viste, i suoni, gli odori e le sensazioni fisiche di questo pacifico prato di montagna. Respira profondamente e lentamente, godendoti questo luogo di pace. I tuoi muscoli si rilassano e tutto il tuo corpo sembra fondersi nella tua nuova comoda.

9. Quando suona il timer, guardati intorno. Nota l'ambiente che ti circonda. Senti la sedia, il letto, il divano o il pavimento sotto di te.

10. Orientati verso il tuo spazio attuale e fai diversi respiri lenti e profondi prima di alzarti.

Uno spazio tutto tuo (15 Minuti)

L'esercizio di rilassamento di oggi è molto simile alla

visualizzazione dei prati di montagna di ieri. L'unica differenza è l'impostazione.

1. Imposta il timer per 15 minuti.
2. Chiudi gli occhi e fai diversi respiri lenti e profondi. Inspira attraverso il naso. Pausa. Espira attraverso la bocca.
3. Immagina di essere in casa tua. Riconosci i colori delle tue pareti, dei pavimenti, dei tavoli e delle altre superfici. I tuoi occhi vagano, poi si posano su alcuni dei tuoi oggetti preferiti. Sorridi e ti godi le sensazioni positive che questi evocano in te. Ora, comincia a camminare molto lentamente. Cos'altro vedi?
4. Continua a respirare lentamente e profondamente. Nota gli odori unici della tua casa. Ti piace l'odore della tua casa. È piacevole e ti fa sentire felice. Che odore senti? Candele? Biancheria pulita?
5. Vedi la tua coperta preferita drappeggiata su una sedia. Prendila. Strofina le mani su di essa, sentendone la morbidezza e la consistenza. Raccoglila e avvolgila intorno alle spalle. È come un dolce abbraccio e ti senti sicuro.
6. Hai una stanza speciale nella tua casa, una stanza che hai arredato solo per te. Dov'è? Cammina ora verso questa stanza, lentamente. Senti il pavimento sotto i tuoi piedi nudi. Senti i tuoi passi sul pavimento. Allunga la mano e passala lungo un muro. Come si sente la trama sulla punta delle dita? Come suona?
7. Raggiungi la tua stanza di relax ed entra. Fai diversi respiri lenti e profondi. Guardati intorno. Quali colori animano questa stanza? Quali

oggetti hai messo qui? Visualizzali toccandoli, raccogliendoli se non sono grandi e pesanti. Se hai delle candele in questa stanza, accendile ora. Lascia che il tuo sguardo cada dove potresti sederti. È un divano? Sedia? Cuscino? Qualcos'altro? Vai ora, e sistemati. Muovi il corpo finché non avrai trovato una posizione comoda. Questo posto è tuo, progettato appositamente per te, in modo che il tuo corpo si inserisca perfettamente in esso. Togliti la coperta dalle spalle e drappeggiala sul busto e sulle gambe. Goditi questo comfort e questo calore. Tutto il tuto corpo è morbido e rilassato.

8. Quando suona il timer, guardati intorno. Nota ciò che ti circonda. Senti la sedia, il letto, il divano o il pavimento sotto di te. Orientati verso il tuo spazio attuale e fai diversi respiri lenti e profondi prima di alzarti.

Trovare supporto

Nel corso di questi esercizi, hai aumentato all'infinito le opportunità di un cambiamento positivo nella tua vita, hai acquisito le conoscenze e le competenze per ridurre attivamente la tua ansia e iniziare a vivere il momento. Tuttavia, queste lezioni portano anche nuove sfide e frustrazioni. Quando si è sviluppata una routine di consapevolezza stabile, non è raro che di tanto in tanto si verifichino dei momenti di ansia, questi problemi sono temporanei, ma non sempre si sentono come tali quando accadono. È importante rimanere consapevoli che passeranno e avere una rete di persone a supporto su cui si può contare e di cui ci si può fidare, quando l'ansia colpisce.

Il sostegno può assumere molte forme: amicizie, terapisti, organizzazioni e gruppi di sostegno. Trova il supporto sia online, che nel mondo reale in cui vivi. Non tutti i sistemi di supporto sono adatti a tutti. Alcune persone potrebbero trarre beneficio da sedute regolari con un terapeuta, mentre altre lo fanno meglio in ambienti di gruppo.

CAPITOLO 7: MONITORARE I PROGRESSI DEI PROPRI OBIETTIVI

Ce l'hai fatta! Guarda quanta strada hai fatto. Chiudi gli occhi, fai qualche respiro lento e profondo e sorridi. Come ci si sente ad aver completato questo libro? Com'è la tua ansia in questi giorni? La mia ipotesi è che probabilmente hai ancora un certo grado di ansia. Sai perché? Sei umano. L'ansia non può mai scomparire del tutto a causa del modo in cui il nostro cervello funziona, perché la nostra risposta alla lotta o alla fuga è una parte naturale di ciò che siamo, è una parte della nostra natura che non possiamo cambiare.

L'ansia fa parte della vita di ognuno di noi in qualche modo, la sperimenterai in vari gradi man mano che andrai avanti nella vita. La differenza ora è che non sei più paralizzato dall'ansia, perché sai come ridurre il suo pugno e come liberarti dalla sua presa limitante. Benvenuto nella tua nuova vita senza i vincoli dell'ansia.

Continua a usare gli strumenti di questo libro e a fare gli esercizi. Per mantenere lo slancio, fanne uno o due al giorno. Ritagliati un tempo in cui dedicarti a questi esercizi, in modo che diventino routine, magari appena sveglio al mattino o come rituale rilassante prima di andare a dormire. Vedrai che la consapevolezza, la compassione e l'accettazione, sono strumenti potenti per ridurre l'ansia in ogni momento. Quando si ha una profonda familiarità con gli esercizi di consapevolezza, ci si può fare appello per calmarsi in una situazione che provoca ansia.

La consapevolezza e i suoi componenti, sono però molto più che strumenti. La Mindfulness, è uno stile di vita. Quando si vive con consapevolezza, si viene meno colpiti dall'ansia e, anche quando è presente, saprai istintivamente che si tratta di un'esperienza, che non ti definisce e non condiziona il tuo comportamento. Quando si vive in modo tale da essere in sintonia con sé stessi e con il momento in cui ci si trova, si è liberi di essere semplicemente in quel determinato momento.

Continua a praticare agli esercizi che hai imparato: sei sulla strada giusta per liberarti dalle catene dell'ansia e andare avanti nella vita di qualità che vuoi per te!

MIRA ALLE SFIDE DELL'ANSIA

È impossibile per gli esseri umani eliminare completamente l'ansia, ma possiamo ridurre significativamente la sua presa sulle nostre vite. Parte della gestione della nostra ansia consiste nell'anticipare, quando potrebbe presentarsi e nell'escogitare un piano per affrontarla quando si presenta. Questo è un processo che comporta l'esame dei fattori scatenanti dell'ansia e di ciò che funziona meglio per aiutare a ridurre l'ansia.

Modi per catturare l'ansia prima che colpisca:

- Comprendere i tuoi sintomi specifici: quali sono i tuoi pensieri quando l'ansia aumenta? In quali situazioni i tuoi sintomi si intensificano? Diminuiscono?

- Sapere cosa funziona: quali strategie sono particolarmente utili nei momenti di forte ansia? Forse la respirazione profonda o esercizi specifici di consapevolezza tratti da questo libro? Anche parlare o semplicemente stare con una persona di supporto può essere d'aiuto.

Il passo successivo è quello di redigere un piano su come gestire l'ansia quando appare. Creare un piano scritto è una buona idea, perché è qualcosa di pratico da tenere in mano e da leggere, che aiuta anche a imprimerlo nella memoria. Il tuo piano potrebbe avere questo aspetto (scrivi dove trovi gli spazi):

Quando inizierò a notare l'ansia nel mio corpo o nella mia mente, farò queste cose:

In questo modo userò la consapevolezza per ridurre l'ansia del momento:

Se mi sentirò particolarmente turbato, scriverò o chiamerò:

Questo è ciò che farò ogni giorno per mantenere uno stile di vita e una mentalità sana per tenere a bada l'ansia:

Creare un'agenda delineata di come e quando usare la mente, ti aiuterà a mantenere il controllo dell'ansia. L'ansia si manifesterà di tanto in tanto, ma non dovrà essere lei a influenzare il tuo comportamento.

TROVA QUELLO CHE FUNZIONA PER TE

La consapevolezza (Mindfulness), è un approccio universale che può aiutare tutti ad abbassare l'ansia e a migliorare la qualità della vita, tuttavia, poiché ognuno sperimenta l'ansia in modo diverso, le strategie per gestire I propri sintomi sono individualizzate e specifiche. Per capire cosa funziona meglio, sperimenta i metodi descritti in questo libro, fino a trovare la giusta combinazione di tattiche che ti aiutino a ridurre l'ansia e si adattino alla tua vita e alla routine quotidiana. Ecco i primi passi per personalizzare il tuo piano di gestione dell'ansia:

- Fai una lista: inizia scrivendo una lista degli esercizi che ti hanno colpito di più. Tenere una lista corrente delle strategie che funzionano per te in una borsa, in un cassetto o in qualsiasi altro luogo accessibile, ti aiuterà a gestire la tua ansia quando sarai troppo agitato da ricordare cosa fare dopo. Un elenco breve e chiaro di esercizi scelti con cura è meglio di uno lungo e meno mirato.
- Redigi un programma: una volta che avrai la tua lista, è importante stabilire un programma di quando fare regolarmente gli esercizi. Questi esercizi, dovrebbero diventare parte della tua routine regolare come qualsiasi altra cosa: più ne pratichi, più ne sentirai i benefici. Fare almeno un esercizio ogni giorno fino a quando non diventa un'abitudine, è il modo migliore per sviluppare una routine di potenziamento che, alla fine, trasformerà sia il tuo rapporto con l'ansia che la tua vita.

Inoltre, questi suggerimenti possono aiutare a creare e personalizzare un programma di manutenzione sostenibile e consapevole:

- Scegli un momento della giornata per esercitarti con consapevolezza, perché avere un orario regolare ti aiuta ad attenerti al tuo programma.
- Scegli un ambiente dove avrai un posto comodo dove sederti o sdraiarti, riempi lo spazio con

mobili, decorazioni e oggetti che ti danno tranquillità.

- Rendi questa pratica un rituale: prendi un tè o un'altra bevanda calmante, analcolica e senza caffeina, ascolta musica rilassante e meditativa o resta in silenzio, a seconda di ciò che preferisci. Magari accendi una candela o usa un diffusore di olio essenziale.

- Non limitarti. Se hai una riunione o qualsiasi altro tipo di obbligo che si presenta durante il tuo normale tempo di riflessione, modifica il programma senza farti prendere dall'ansia. La pratica regolare ti incoraggia a sviluppare l'abitudine alla consapevolezza e ti aiuterà a ridurre l'ansia, ma questo non significa che dovrai essere rigido.

- Trova il modo di arricchire e di goderti questa pratica. Pensalo come un momento piacevole, piuttosto che come un peso o un lavoro. Nella vita frenetica, oltre i tempi previsti, prendersi una pausa di tranquillità e di riflessione può essere un vero piacere! Ricorda la tua ragione per praticare con consapevolezza: vivere una vita di qualità, libera dal controllo dell'ansia. Conoscere e tenere sempre a mente il tuo scopo ti aiuterà a rimanere motivato a continuare una pratica regolare e coerente.

CAPITOLO 8: COME SEMPLIFICARE LA TUA VITA

Quando il disturbo d'ansia attacca, potrebbe essere come se il mondo intero ti crollasse addosso e questa è una sensazione orribile che ti lascia impotente di fronte a un falso pericolo. L'ansia nasce come risultato di pensieri incontrollati, che potrebbero essere difficili da liberare. La buona notizia, però, è che si possono fare cambiamenti positivi nello stile di vita per combattere l'ansia, invece di doverla affrontare per il resto della vita.

Tieni presente che le scelte di stile di vita, hanno molto a che fare con la gestione dell'ansia. Ci sono molte abitudini che sviluppiamo nel tempo e che finiscono per alimentare la nostra ansia. Ad esempio, il fumo è un modo per affrontare lo stress per alcune persone. Probabilmente non lo sanno, ma fumare aiuta a far crescere l'ansia, anche mangiare a sazietà, nutrirsi di zucchero e fast food quando si è stressati, non aiuta in alcun modo a gestirla.

Dalla scelta di mangiare sano, alla comprensione dell'importanza della respirazione profonda, ci sono molti piccoli cambiamenti che si possono attuare per combattere l'ansia. La buona notizia, è che si tratta di cambiamenti nello stile di vita che porteranno un miglioramento generale della salute. Assicurati di impegnarti a metterli in pratica e osserverai la sorprendente trasformazione della tua vita.

Dormire adeguatamente

Per sonno adeguato, intendo, almeno sei-sette ore di sonno profondo e riposante, perché uno dei figli dell'ansia è l'insonnia. Per questo l'ansia e l'insonnia vanno di pari passo. Dormire bene la notte può aiutare a tenere a bada l'ansia.

Per ottenere una buona notte di sonno, si possono adottare misure creative per migliorare il proprio sonno. Prendi spunto dai passi evidenziati qui sotto:

- Fai una doccia prima di andare a letto.
- Bevi un bicchiere di latte caldo prima di dormire.
- Rendi la tua camera da letto libera dal rumore e da ogni forma di distrazione.
- Crea un programma di sonno e rispettalo.
- Assicurati che la tua stanza sia ben ventilata.
- La temperatura della tua stanza non deve essere né troppo calda né troppo fredda.
- Non dormire con la luce blu. Utilizza una luce fioca se non riesci a dormire al buio.
- Evita tutti gli schermi (cellulare e TV), almeno 30 minuti prima di andare a letto.
- Da mezzogiorno interrompi l'uso di caffeina, perché influisce sulla qualità del sonno.
- Non fare esercizio fisico la sera: ferma tutto ciò che può stressarti in modo significativo. In alternativa, puoi praticare yoga.
- Non mangiare fino a tarda notte. Se devi mangiare, assumi cibi leggeri e facili da digerire. Consiglio il miele o l'olio MCT.

- Mantieni i dispositivi elettronici in modalità silenziosa o aereo.
- Prendi un integratore di magnesio.

Evita di lavorare a casa

Una delle maggiori fonti di stress e di ansia per molte persone è il loro lavoro, perché la pressione del lavoro si ripercuote sulla loro salute mentale, scatenando stress e ansia. Con questo in mente, assicurati di avere un equilibrio tra lavoro e vita privata: desisti dal controllare le e-mail e dal leggere messaggi relativi al lavoro una volta a casa. Concediti il tempo di rilassarti e di recuperare il tempo perduto con il tuo partner o tuo figlio.

Assicurati di non evitare di andare in vacanza; è un buon modo per liberarsi dallo stress del lavoro e ricaricarsi.

Fai attenzione alla dieta

All'insaputa di molti, ciò che si mette nel proprio corpo scatena anche l'ansia. Alcuni alimenti mantengono costantemente il corpo in uno stato di tossicità. Se ami fumare e affogare il tuo dolore nell'alcol, questo non aiuta il tuo corpo, anche se l'alcol può farti dimenticare il dolore per un po' di tempo, a lungo andare ti stimolerà l'ansia.

All'interno del corpo, il cervello è una delle parti più attive, perché ha bisogno di un flusso costante di sostanze nutritive per tenere il passo con la sua funzione. Quando si nutre male, non avrà l'energia necessaria per funzionare correttamente e, di conseguenza, il tuo neurotrasmettitore ne soffrirà, ponendo le basi per l'ansia.

- Assicurati di concentrarti su una dieta sana e ricca di cibi integrali. Inoltre, rimanere costantemente idratato aiuterà. I tuoi pasti dovrebbero essere a basso contenuto di grassi trans arricchiti con abbastanza calcio. Assicurati di ridurre la caffeina, gli alimenti lavorati e confezionati, lo zucchero raffinato e la carne rossa. Piuttosto, meglio mangiare frutta, noci, legumi e semi.

- Assicurati di ridurre le bevande zuccherate. Il tè non dovrebbe essere pieno di zucchero ed elimina le bevande gassate.
- Prova a passare al decaffeinato: l'uso eccessivo di caffeina, è anche una delle principali cause di ansia. Se sei già dipendente dal caffè, prova a ridurlo gradualmente.

Limita l'uso dei Social Media

Una delle principali cause di ansia è il consumo eccessivo dei social media. Se non stai attento, ciò che i social ti presentano potrebbe stressarti, alimentando la tua ansia. Per esempio, ci sono opinioni di persone su vari temi come la religione, la politica, le questioni personali e l'attualità o, se non si sta attenti, vedere la vacanza di famiglia di un amico, può dipingere il quadro sbagliato e dare una falsa impressione. Potrebbe farti pensare che gli altri stanno bene e sono felici, mentre tu sei in difficoltà e questo potrebbe portarti alla paura di perderti, alimentando l'ansia. Fai quindi attenzione a quello che vedi sui social e non lasciarti intrappolare dall'ansia.

Passi da compiere per ridurre lo stress

Stress e ansia vanno di pari passo: in altre parole, lo stress eccessivo deriva dalla depressione e dall'ansia. Tenuto questo in considerazione, una delle cose migliori che si possono fare per sé stessi, è prendersi del tempo per gestire e liberarsi dello stress. Assicurati di imparare a gestire lo stress in modo sano. Anche se l'alcol può farti dimenticare per un po' le tue preoccupazioni e i problemi, a lungo andare non aiuta. Vediamo i suggerimenti per sconfiggere lo stress:

- Prendi nota della fonte di stress nella tua vita e prendi in considerazione lo stress sano per affrontarlo. Gli stress possono essere responsabilità, relazioni non soddisfacenti, ecc. Quando lo avrai individuato, potrai fare un passo positivo per affrontarlo.
- La musica ha un'enorme capacità di rilassare il corpo. Non importa quanto si è stressati, la musica rilassante può aiutare a calmare i nervi. Prendi l'abitudine di ascoltare musica, perché ha un effetto calmante sulla salute mentale.
- Quando si è stressati, il respiro è breve e superficiale. Prova a fare dei respiri lunghi, perché aiuta ad aumentare la circolazione dell'aria, costringendo il corpo in uno stato di rilassamento.

Resta in contatto con la natura

Passare otto ore al giorno in un ufficio con l'aria condizionata non aiuta, poi, finito di lavorare, esci dal lavoro, cammini verso la macchina e mentre guidi c'è ancora l'aria condizionata. Non trovi il tempo di goderti la brezza naturale e la vitamina D del sole. Non sorprende che l'ansia prosperi in queste condizioni.

Assicurati di fare una passeggiata nel parco, vai a fare un

giro turistico, allo zoo e passa il tempo ad apprezzare la natura. Anche se vivi in città, ci dovrebbero essere dei parchi che puoi visitare. Meglio ancora, avere un giardino, sporcarsi le mani a coltivare il terreno: questo non solo ti terrà occupato, non lasciandoti alcuno spazio per l'ansia, ma ti aiuterà anche a sporcarti le mani.

Assicurati che la tua casa sia priva di disordine

Una delle maggiori fonti di stress e di ansia, è una casa estremamente disordinata. Siamo tutti colpevoli di questo, perché ci sono cose nella nostra vita e nella nostra casa a cui ci aggrappiamo che non sono così utili: ci sono vestiti che non indossiamo da anni che sono ancora nel nostro guardaroba. Ci aggrappiamo agli oggetti senza una ragione tangibile, eppure, cose come queste finiscono solo per alimentare l'ansia.

Ricordi l'ultima volta che hai cercato qualcosa, per poi trovarla tra i cumuli di macerie della casa? Questo è qualcosa che non avresti dovuto cercare, se la casa fosse stata in ordine ed è più che mantenere una casa pulita. Si tratta di sbarazzarsi degli oggetti inutili, degli oggetti sentimentali, storici, ecc. di cui non hai bisogno e che non ti aiutano in alcun modo.

Assicurati di andare di stanza in stanza e di sbarazzarti di tutto ciò che non usi da un po' di tempo: dona in beneficenza, vendili o disfatene. Ti sentirai bene, riducendo l'impatto dell'ansia.

Medita

Diventiamo ansiosi per le cose su cui non abbiamo controllo: ci preoccupiamo e ci ossessioniamo per questioni che hanno un impatto sulla nostra salute mentale, consideriamo vari scenari in cui le cose potrebbero andare male ed è l'ansia che ci fa perdere in vari pensieri inutili.

Quando si medita, però, si riporta il pensiero al momento. Piuttosto che agitarsi su qualcosa su cui non si ha alcun controllo, la meditazione aiuta a concentrarsi su qualcosa che si può controllare: il respiro.

Ti consiglio di iniziare la giornata con alcuni minuti di meditazione, con il respiro come punto focale. Non è qualcosa di noioso, inspira ed espira coscientemente per cinque volte, concentrandoti sul tuo respiro. Questa è la meditazione nella sua forma più semplice.

Ottieni supporto sociale

L'ansia prospera con l'ansia e la solitudine ed è, quindi, necessario creare un sistema di supporto sano intorno a te per sconfiggere l'ansia. Ricorda che la tua cerchia di amici e persone care non dovrebbe essere composta da persone critiche che ti faranno sempre agitare.

Gli amici sono utili, perché possono aiutarci a fare una valutazione realistica della minaccia e offrire conforto e, oltre a loro, un gruppo di supporto può aiutarti a capire che non sei solo, perché si impara anche dall'esperienza degli altri e dal loro meccanismo di gestione. Oltre ad entrare a far parte di un gruppo di supporto, puoi rimanere in contatto con le famiglie e gli amici, oppure prendere un animale domestico, un cane o un gatto, per esempio, sarà di grande aiuto.

Prenditi cura di te

Sei una persona unica, la più importante del tuo universo. Ti meriti il meglio, non importa cosa dicono le voci nella tua testa: assicurati di non trascurare te stesso. Vai dal parrucchiere, fatti fare un massaggio, pedicure e manicure, vai in sauna con un amico, esci la sera con il tuo gruppo, fatti un regalo: questo può aiutare a superare l'ansia.

Trova un forte senso dello scopo

In altre parole, trova qualcosa per cui vivere. Non dovresti vivere la vita così come viene. Con un forte senso dello scopo, sarai più preparato a gestire tutto ciò che la vita ti riserverà senza sprofondare nell'ansia e nella depressione. Inoltre, un forte senso di scopo, è come uno scudo contro gli alti e bassi della vita, perché sarai soddisfatto della vita anche nei giorni difficili e questo può impedirti di sprofondare nell'ansia.

Rendi l'esercizio fisico un'abitudine quotidiana

Uno dei passi più importanti che si possono fare per combattere l'ansia e riprendere il controllo, è l'esercizio fisico, perché può migliorare l'umore, ridurre il rilascio di ormoni dello stress e farti sentire complessivamente bene. Non devi allenarti come un pazzo o iscriverti alla palestra locale, un semplice piano di esercizi come yoga, camminare, praticare tai chi può migliorare il tuo umore in modo significativo, non lasciando spazio all'ansia.

L'esercizio fisico è utile, perché aumenta la secrezione di endorfine e serotonina, che sono sostanze chimiche del cervello che combattono la depressione e l'ansia. Una semplice camminata di 30 minuti al giorno è sufficiente a risollevare l'umore: oltre ad aiutare con l'ansia, l'esercizio fisico, è un buon modo per mettere ordine nella tua vita, combattere le malattie e rimanere sano.

Dichiarazioni positive

Diventiamo ansiosi, perché stiamo cercando di esaminare vari modi in cui le cose possono andare male, tuttavia, quando si contrasta questo con pensieri e affermazioni positive, può aiutare a risollevare l'umore e a combattere l'ansia. Non solo questo aiuta a superare i pensieri negativi, ma anche a mettere le cose in prospettiva e a sollevare lo spirito.

Uno dei problemi più comuni, che chi soffre di ansia deve affrontare è l'aumento dell'intensità dei sintomi. Ad esempio, diciamo che stai andando ad un colloquio di lavoro e finisci per avere una gomma a terra: mentre l'azione di cambiare la gomma può essere abbastanza facile, come dovrebbe esserlo chiamare la persona che avresti dovuto incontrare per spiegare perché sei in ritardo, l'ansia, tuttavia, può spingere i tuoi pensieri razionali fuori strada e indirizzarti verso pensieri più catastrofici. Quando l'ansia comanda, può diventare fin troppo facile guidare te e la tua mente razionale proprio oltre la scogliera.

I modi migliori per trovare la calma immediata

Con oltre 2,8 milioni di italiani che soffrono di ansia ogni anno, questa è considerata una delle condizioni di salute mentale principali, ma questa stima potrebbe essere ancora più alta, perché molte persone affette da ansia non si recano dal proprio medico.

Auto conferma positiva

Se ti trovi a parlare a te stesso in modo negativo come descritto in precedenza, trasformalo in positivo. Questo ti aiuterà a sgonfiare il pericolo incombente che senti di dover affrontare. Il più delle volte, l'ansia è come una paura che si aggrappa e non ti lascia andare: devi imparare a riconoscerla come un attacco d'ansia e a sgonfiare la paura. Questo si può imparare da soli o lavorando con un consulente. Smetti di inventare il pericolo nella tua testa per giustificare l'attacco. Una volta che ti renderai conto, che si tratta di un attacco d'ansia e smetterai di cercare di trasformarlo in qualcosa che non è, sarai in grado di affrontare meglio l'ansia.

Immagini guidate

Puoi, per esempio, immaginare come suonerebbe e odorerebbe un mare tranquillo o immaginare i colori presenti in un bel tramonto o in un'alba. Più vivida è l'immagine, maggiori sono le possibilità di trovare la calma istantanea che stai cercando.

Preghiera o meditazione

Se hai in mente una preghiera specifica, come il Padre Nostro, è importante non affrettare le parole. Assicurati di portare ogni parola alla tua mente, come se non l'avessi mai detta prima o come se stessi scrivendo la preghiera su carta. Questo può aiutarti a spostare il focus dei tuoi pensieri dalla causa dell'ansia alla mente più razionale, dandoti la possibilità di riportare a fuoco la parte razionale del tuo cervello.

Se non sei un tipo da preghiera, ma cerchi un'esperienza simile, puoi provare una semplice meditazione, che è la tecnica per focalizzare il tuo sé interiore e raggiungere uno stato alterato di coscienza. Ad alcuni, piace meditare ripetendo un mantra specifico, come "om" più e più volte, mentre ad altri piace meditare attraverso esercizi fisici, come il tai chi o lo yoga, altri ancora trovano che il semplice stare seduti in silenzio contemplativo sia efficace nel portare una calma immediata.

La meditazione ha spesso successo a causa dei numerosi sintomi cognitivi dell'ansia. Quando la tua mente corre con una quantità eccessiva di pensieri confusi, un esercizio di concentrazione, come la meditazione, può essere efficace nel tagliare al centro qualsiasi cosa vi causi ansia. La meditazione, può anche promuovere una vita consapevole e ridurre la reazione della mente allo stress.

Imparare a essere grati

Anche se l'espressione "conta le tue benedizioni" potrebbe sembrare un cliché, si è dimostrato molto efficace nel portare una maggiore calma alla mente. La gente ha la tendenza a pensare alle cose negative nei momenti di estrema ansia. Dovresti, invece, provare a pensare a tutte le cose della tua vita per le quali devi essere grato e guardare a ciò che è giusto nel mondo: più cose puoi mettere nella tua lista della gratitudine, meglio starai.

Creatività e Hobby

Hai qualche hobby o progetto che ti piace? Molte persone che sono piene di ansia, ti diranno che non hanno hobby o che hanno rinunciato ai loro interessi. Forse, quello che ti serve per aiutarti a superare gli attacchi d'ansia è un po' di creatività.

Sigmund Freud, il fondatore della psichiatria moderna, diceva che la depressione fosse il risultato di una creatività soffocata e vide che molte persone poco creative avevano anche disturbi mentali, tra cui la depressione e l'ansia.

Se inizi un hobby che ti interessa, è probabile che ti distoglierai dai problemi che stai immaginando e comincerai a concentrarti su quello. Molte persone cercano uno sfogo creativo quando si sentono ansiose.

Per trovare lo sbocco creativo giusto per te, dai un'occhiata al passato e a ciò che ti piaceva fare. Che tipo di hobby o progetto creativo ti interessa? Stai trovando il tempo per questo nella tua vita in questo momento? È possibile che non trovi il tempo per niente quando ti senti in ansia, ma questa può prendere il sopravvento sulla tua vita se lasci che ciò accada. Inizia a pensare agli hobby e alle attività creative che puoi seguire per permetterti di avere più controllo e meno ansia.

Alcuni degli hobby più popolari includono:

- Pittura
- Scrittura
- Cucito
- Produzione di album di ritagli
- Fotografia
- Lavorazione del legno

Questi sono solo alcuni degli hobby che potrebbero aiutarti quando ti senti in ansia. Se ci si concentra sull'hobby, lo si fa meno sulla propria ansia e si può fermare il processo di pensiero negativo nelle sue tracce.

Se non sei sicuro di un hobby o se ne hai uno che vorresti provare, ma non sai come, puoi cercare un corso o puoi anche andare in un negozio di hobbistica e vedere se fanno dei corsi creativi.

CAPITOLO 9: LASCIA ANDARE IL PASSATO

In questo capitolo imparerai a liberarti dalle catene dell'ossessiva preoccupazione e dell'ansia, prendendoti un po' di tempo per praticare il semplice esercizio dell'attenzione.

La capacità di pensare, è uno dei fattori distintivi che sono unici per gli esseri umani e ci rende distinti dagli altri animali. Questa facoltà di pensiero che è in noi, è ciò che ci dà il potere di sostenere un'idea e di creare cose a partire da essa, ma, tuttavia, ci espone a un diverso tipo di paura che non è conosciuta in nessun altro luogo del regno animale, ma solo nella società umana. Questo tipo di paura è conosciuta come paura psicologica.

La paura psicologica deriva dalla conoscenza di qualcosa che è accaduto in passato e che ha la possibilità di ripetersi in futuro. La capacità di pensare ricrea un'immagine vivida di come è successo l'ultima volta nella nostra immaginazione, sia che sia successo a noi personalmente in passato, sia che abbiamo letto di come è successo da qualche parte o a qualcun altro. Gli animali non hanno il dono dell'immaginazione creativa ed è per questo che non provano questo tipo di paura.

Un problema di pensiero si verifica quando si confondono i pensieri sulle cose con le cose stesse. È più facile pensare a una rana immaginaria e sai che la rana nella tua testa non è la stessa di una rana reale, ma quando la tua mente ti dà qualcosa di fisicamente inesistente, è difficile notare la differenza.

Ognuno ha pensieri negativi a volte e può, anche, a un certo punto o in un altro, crederci, tuttavia, non tutti sviluppano ansia persistente, depressione o stress emotivo. Sorge una domanda importante: cosa controlla e determina se questi pensieri spariranno o se si svilupperà un disagio prolungato e intenso? I pensieri di autostima non sono più reali di una rana immaginaria. Se si passa alla modalità "essere", lo si vede molto più chiaramente. Puoi prendere le distanze e osservare i pensieri e le sensazioni che ti vengono in mente e lasciarli come suoni, sapori e tipi. Quando, però, il tuo pensiero cede: "Mi sento un fallimento", non dovresti percepire questo come realtà e cadere in un'inevitabile ruminazione. Non si tratta di dire che gli animali non hanno paura, ma piuttosto che provano solo la paura che ha a che fare con un evento attuale o che si verifica. Gli uccelli migrano in gran numero quando notano l'avvicinarsi di brutto tempo, cioè la paura, ma a differenza della paura psicologica, questa non nasce in base all'immaginazione, ma all'avvertimento del loro istinto.

Esiste un altro fatto interessante riguardo la paura psicologica. Sebbene l'evento a cui stai pensando sia solo frutto della tua immaginazione e non un evento reale al momento, il corpo umano risponde proprio come avrebbe fatto se l'evento stesse accadendo.

L'ansia spesso si traduce in uno stato scoordinato della mente umana e del corpo, in cui i modelli di pensiero si muovono in una direzione, le emozioni si muovono nell'altra e le sensazioni fisiche vanno anche in un'altra direzione. La vita della persona sembra frammentata. In parole povere, anche se l'evento potrebbe non verificarsi nel presente, l'effetto è reale sulla persona e finisce per disperdere o distorcere la sua attuale percezione della realtà.

Quando una persona è ansiosa, la mente si muove liberamente e si separa dal corpo ed esso finisce per subire l'effetto di questa disfunzione. I pensieri, le emozioni e le sensazioni fisiche vibrano a diverse "frequenze". La buona notizia, tuttavia, è che la consapevolezza, come strumento, può aiutare a portare equilibrio, perché è molto potente nel mantenere i pensieri, le emozioni e le azioni fisiche in perfetta armonia.

Molte persone si perdono nei pensieri e il processo mentale è diventato per loro quasi inconscio. La consapevolezza, è un'abilità che può essere appresa e sviluppata nel tempo se viene intenzionalmente coltivata con una pratica frequente. Può sembrare difficile impegnarsi all'inizio, questo perché una mente media tende a disperdersi rapidamente e a perdersi nei pensieri sul futuro e su ogni possibile cosa che può andare male, tuttavia, è un impegno che vale la pena prendere in considerazione per l'effetto del nostro pensiero sulla nostra vita quotidiana e, per estensione, sul nostro futuro.

COSA HA A CHE FARE LA CONSAPEVOLEZZA CON L'ANSIA?

L'ansia si manifesta quando si concentra l'attenzione su tutti i legami incerti, trascurando le altre possibilità. Non è raro trovare persone coinvolte in scenari di tipo "se...", lavorando con ipotesi e situazioni al di fuori del loro controllo, quando sarebbe stato più facile avere una visione migliore e più positiva, piuttosto che lasciarsi andare ai pensieri negativi.

Immagina un uomo d'affari, che ha una presentazione importante con alcuni dei suoi aspiranti investitori il giorno dopo e cade improvvisamente in un inutile attacco di panico. Molto probabilmente inizierà a pensare a tutte le cose che potrebbero andare male prima, durante e dopo l'evento. Non penserebbe mai a tante altre cose buone, che potrebbero andare bene. Pensieri come dimenticare la chiavetta, non riuscire a parlare correttamente, le diapositive che non si aprono sul computer, il problema con il microfono o alla fine non fare buona impressione sugli investitori, ecc.

Sarebbe stato un impegno più produttivo e utile, se quella stessa energia mentale fosse stata incanalata nella preparazione della sua presentazione. Potrebbe concentrarsi sul momento presente e sulla possibilità di massimizzare ogni momento che trascorrerà davanti ai suoi spettatori e, in ultima analisi, fare una buona presentazione che aumenti la fiducia degli investitori nella sua capacità di gestire le loro risorse. Questo brutto scenario può essere gestito correttamente imparando e applicando la consapevolezza.

La consapevolezza, ti dà il pieno controllo e la mente finisce per essere uno strumento utile piuttosto che un fastidioso maestro. Può essere impegnata, ad esempio, in uno dei modi più semplici per iniziare a pensare in maniera consapevole, cioè durante un pasto. Durante il processo di alimentazione, si presta maggiore attenzione al cibo nel piatto, prendendo coscienza dei suoi colori, delle sue consistenze, dei suoi sapori e di come ci si sente quando si mastica. Questo è molto meglio che ingozzarsi di cibo senza un particolare interesse ed è il modo di impegnare la mente in modo positivo.

Una grande cosa della consapevolezza, è essere consapevoli del fatto che si sta pensando, perché il tuo pensiero è qualcosa che produci volentieri e non qualcosa che dovrebbe andare avanti spontaneamente o accidentalmente, come un treno che corre senza sosta.

Quando sei impegnato nel pensiero consapevole, sarai responsabile dei tuoi pensieri e della riprogrammazione dei tuoi schemi di pensiero: modelli di pensiero del passato che sono stati costruiti attraverso un precedente stile di vita, esperienze, cultura e relazioni fondamentali come con i genitori, la scuola, la famiglia e ogni persona che ha avuto un ruolo importante nella tua vita e nell'educazione. Molti di questi modelli sono tossici per la tua salute mentale e quindi devono essere eliminati con ogni mezzo.

AFFRONTARE L'EVITAMENTO ESPERIENZIALE ATTRAVERSO LA CONSAPEVOLEZZA

Le persone che soffrono di ansia spesso mostrano certi modelli comportamentali che vengono chiamati "evitamento esperienziale." Ciò si verifica, quando una persona è perseguitata dai ricordi di un evento accaduto in passato e non vuole essere in contatto con certi elementi, che caratterizzano quell'esperienza. Alcuni di questi elementi potrebbero essere le sensazioni del corpo, le emozioni, i pensieri, la vista, ecc.

Purtroppo, quando ci si sforza di evitare tali pensieri in questo modo, si finisce per produrre il contrario di ciò che si vuole e tale persona diventa sempre più ansiosa e fuori controllo. Le persone che mostrano un comportamento normale di evitamento esperienziale, sono molto più propense a sviluppare fobie e cercheranno di fuggire di fronte a un inaspettato attacco di panico, molto più di quelli che riescono a controllare la loro mente. La soppressione dei pensieri e dei sentimenti, contribuisce allo sviluppo e al mantenimento del disturbo d'ansia generalizzato, delle fobie specifiche e del disturbo da stress post-traumatico.

Come applicare la consapevolezza nell'affrontare l'ansia?

Il processo di recupero dall'ansia attraverso la consapevolezza è noto come "integrazione", dove tutte le parti separate, isolate o negate devono essere reintegrate nella coscienza.

Questo processo si basa di solito su tre obiettivi fondamentali:

Prendi coscienza delle esperienze

Questo è il primo passo prima di impegnarsi nella consapevolezza. Devi decidere cosa ti rende ansioso e analizzare le esperienze che hai vissuto in passato e che ne sono il catalizzatore. Inoltre, dovresti osservare le azioni di evitamento interne ed esterne che hai intrapreso per sopprimere o evitare le emozioni che vi sono legate.

Sviluppa una visione più flessibile della tua situazione e delle circostanze

In tutti i modi, devi cercare di passare da una mentalità molto critica, rigida e di controllo ad un atteggiamento più amorevole, compassionevole e non giudicante, in altre parole, devi avere una mente aperta.

Migliora la tua qualità di vita in tutti i campi

Devi sottolineare la flessibilità cognitiva e vivere il presente piuttosto che rimanere bloccato nel passato, solo in questo modo otterrai seri cambiamenti che arricchiranno la tua vita.

Ti chiederai, perché mai dovresti voler prestare attenzione a un pensiero che probabilmente vedi come il tuo più grande problema. Non c'è modo migliore per liberarsi di questi pensieri ansiosi che affrontarli. Più si evitano i pensieri, più ci si rende vittime della loro influenza e ne si rimane schiavi, ma se si cerca attivamente quei pensieri, si inizia a notarli come meno preoccupanti di prima.

Attraverso la consapevolezza, comincerai a vedere i tuoi pensieri, le tue emozioni e i tuoi impulsi così come sono in realtà, senza permettere loro di distrarti dal raggiungimento del tuo obiettivo quotidiano.

Questa mentalità ti aiuterà a scegliere a chi prestare attenzione, dare credito e rispondere con più calma e saggezza.

Quali sono i vantaggi di una pratica di consapevolezza continua?

Questi I vantaggi relativi alla consapevolezza:

- Rimarrai stupito da quanto inizierai ad imparare su di te. Potrai attingere a potenziali inerti da cui le tue emozioni ti avevano accecato in passato.
- Godrai di una visione più ampia che va oltre i tuoi limiti e le tue barriere precedenti.
- La tua fiducia sarà incrementata ad un alto livello. Quelle cose che in passato sarebbero state minacce, ora diventano perfettamente normali e perdono il loro potere di spaventarti.
- Quando lo permetterai, raggiungerai la naturale dissoluzione di tutte le circostanze spaventose.
- I pensieri vengono prima della nostra coscienza vigile, si sviluppano e muoiono sotto il potere della nostra consapevolezza.
- La pratica della consapevolezza ti permette di vedere come i tuoi pensieri, emozioni e

sentimenti cambiano rapidamente e radicalmente. Ti renderai conto che non c'è modo di mantenere o fissare gli stati "felici" e di escludere definitivamente gli stati "spiacevoli" e potrai così vivere una vita priva di preoccupazioni e panico inutili.

Scegli la consapevolezza di rimanere perennemente prigioniero della paura

Applicando la consapevolezza così come è stata esplorata in questo capitolo, usiamo lo stesso principio di "esposizione e prevenzione delle risposte", spesso usato nella terapia cognitivo-comportamentale. Ci avviciniamo a ciò di cui abbiamo paura con l'audacia di un leone e aspettiamo che l'ansia si plachi e scompaia. Questa decisione coraggiosa di rimanere incrollabili di fronte alla paura riduce la reazione emotiva che si sarebbe verificata in un'atmosfera di preoccupazione e di ansia. L'intero essere umano sviluppa una resistenza alla sofferenza emotiva ed è, in quel momento, visto come qualcosa di meno spiacevole e meno minaccioso e questo può portare ad una migliore tolleranza per le conseguenze e le situazioni avverse.

Con consapevolezza, si può deliberatamente creare una situazione che provoca ansia e imparare ad affrontarla, aumentando la tua capacità di affrontarla. La nuova sfida che ti si pone davanti ora, è quella di dedicare abbastanza tempo ad ottenere i risultati che desideri, questo ti permetterà di gestire gli eventi man mano che si verificano e ti darà la possibilità di impegnarti nelle attività quotidiane, avendo piena capacità di affrontare gli eventi man mano che si verificano. Per una persona ansiosa, il passato può essere la sua kryptonite. Spesso guardiamo alle cose che sono accadute in passato e ci soffermiamo sul risultato o su come avremmo potuto cambiarlo. Lasciarsi andare, è una delle cose più difficili da fare, figuriamoci per qualcuno che è sopraffatto dall'ansia. Ci sono diversi scenari, che potrebbero essere accaduti in passato e che hanno portato al tuo disturbo d'ansia. Ecco alcuni modi per lasciar andare una situazione passata:

- Creare un'affermazione positiva per contrastare i pensieri negativi.
- Utilizzare la distanza fisica come barriera.
- Lavorare da solo.
- Fare attenzione.
- Essere gentili con sé stessi.
- Lasciare che le emozioni negative scorrano.
- Accettare che non ci possa essere perdono.
- Avere cura di sé.

Un approccio più aggressivo, più orientato al dettaglio è:

- Decidere da soli di lasciar andare. Le cose non scompaiono da sole.
- Esprimere il proprio dolore e prendersi la responsabilità delle proprie azioni.
- Smetterla di vittimizzare sé stessi e di dare la colpa agli altri.
- Usare il presente per rimettere i piedi per terra e concentrarsi su di esso.
- Perdonare sé stessi e gli altri.

Non sarà sempre una cosa facile da fare: alcune cose saranno più facili da lasciar andare di altre. I disturbi d'ansia, come il DPTS, derivano da esperienze passate che infestano letteralmente una persona. Possono volerci anni prima che qualcuno riesca a superare qualcosa del suo passato e a volte non lo supera mai, ma anche questo va bene, perché non significa che non si possa gestire. Un altro modo per andare avanti rispetto al passato, è semplicemente vivere nel presente, giorno per giorno. Quando le difficoltà ti colpiscono, riconoscile. Non puoi guarire ed andare avanti, se non lasci che il negativo fluisca fuori: riconoscerlo e lasciarlo andare è importante. Non devi dimenticartene, non si tratta di questo: puoi andare avanti e guardare a ciò che ti aspetta, perché l'ansia non deve essere per forza ciò di cui è fatto il tuo futuro.

Come ci si lascia andare?

La chiave per lasciarsi andare, è identificare ciò che è nel tuo passato che ti fa provare tutte queste emozioni. È importante valutare le cose del passato che senti che potrebbero trattenerti contro la tua volontà e causarti ansia. Alcune cose, richiedono più lavoro di altre e queste non sono nemmeno un problema di fondo per la tua ansia. È meglio cominciare a organizzare il bagaglio del tuo passato ed un modo per lasciarsi andare ad alcune di queste cose, è esaminarle.

Crea una tabella con cinque colonne:

Prima colonna

In questa parte, scrivi tre questioni irrisolte del tuo passato. Sono cose che ti sono successe e che ancora oggi influenzano te e le tue decisioni.

Seconda colonna

In questa colonna, scrivi chi stai incolpando per le tre situazioni della prima. Chi è la persona a cui non concedi il perdono? Molto spesso, la risposta a questa domanda sarai tu stesso.

Il perdono, è in realtà una cosa molto potente quando si tratta di lasciarsi andare. Dovresti rendersi conto che una punizione a vita per le azioni che hai elencato, potrebbe non essere una buona cosa. Se la persona che devi perdonare è un'altra persona, devi capire che perdonandola, ti stai effettivamente liberando di tutta la rabbia, il dolore e l'ansia che ti ha causato. Il risentimento è un veleno per la salute mentale e aggrapparvisi non farà che peggiorare la tua ansia, non migliorarla.

Il perdono, è un'altra di quelle gare di maratona. Non è necessariamente un atto unico: è qualcosa che si può dover affrontare per il resto della propria vita. Soprattutto, devi iniziare dal perdonare te stesso, perché tu sei la parte più importante di questa equazione, sei responsabile di ciò che c'è nella tua mente e di tutto ciò su cui ti soffermi. Sì, puoi avere un disturbo d'ansia che ti fa preoccupare e soffermare su cose che non dovresti, ma ciò non significa che non tu non possa impegnarti a cercare di rimediare a queste situazioni.

Terza colonna

Guardando la prima e la seconda colonna, quali sono le conseguenze di questa situazione ancora irrisolta? Forse all'inizio non riuscirai a comprendere quale sia la conseguenza, ma potrebbe essere qualcosa di piccolo in confronto a non risolvere qualcosa che hai inserito nella prima colonna con la persona della seconda che magari rende le giornate davvero difficili, perché la si vede sempre.

Quarta colonna

Questa colonna, è dedicata a te per scrivere quali sono le opportunità per la tua vita, se lasciassi andare l'ansia. Come sarebbe la tua vita se non dovessi più soffermarti su queste cose?

Quinta colonna

Questa è la parte in cui si cerca di risolvere il problema. Guarda avanti e vedi cosa puoi fare per risolvere le situazioni nella colonna uno.

Per esercitarti con consapevolezza, devi smettere di correre e concentrarti su quello che stai facendo. Abituarsi a sviluppare una respirazione calma e costante, rallenterà il battito cardiaco, calmerà le tue emozioni, allevierà la tua mente, rilasserà i muscoli e ammorbidirà il tuo corpo. Concentrati sull'inspirazione e sull'espirazione: inspira solo quando l'espirazione termina. Espira ciò che non vuoi e respira la gratitudine e la felicità.

Molti eventi importanti della tua vita, si verificano quando non vivi nel presente e perdi eventi o opportunità più importanti di quanto non ti renda conto. Non vivere come se non fossi qui: la tua vita diventerà più facile e troverai più energia e più felicità. Vivere nel passato o nel futuro, ti impedisce di vivere nel presente e ti fa passare attraverso la vita come se non l'avessi mai vissuta veramente.

La maggior parte di noi ha difficoltà a rimanere cosciente e nel presente. È naturale preoccuparsi del futuro o passare troppo tempo a soffermarsi sul passato, ma ci sono un tempo e un luogo adatti per tutto, anche per riflettere sulle azioni passate e pianificare il successo futuro. L'esercizio permette di concentrarsi sul presente, l'unico momento in cui si ha veramente potere e controllo. Esplora tre aree che ti impediscono di essere consapevole e pratica attività per superare questi ostacoli.

In primo luogo, tratteremo le abitudini, imparando a disimparare e sviluppando la persistenza. Le tue abitudini ti fanno spesso vivere con il pilota automatico e ti impediscono di vivere il momento presente. Imparare a identificare le cattive abitudini e sostituirle con le buone, può aiutarti a trovare la libertà dal mondo che mira a controllarti attraverso le tue emozioni e questo può abbassare l'ansia e rende più facile rimanere cosciente e nel momento presente. Creare abitudini positive, correggere le cattive abitudini e lasciare andare le cose che non si possono controllare, libererà il tuo prana, la tua forza vitale, dedicata alle cose più importanti. Ricordati di accettare dove sei oggi. Parti prima dai cambiamenti più semplici e quelli più difficili diventeranno più facili. Tieni sempre il cuore e la mente aperti.

Senza dubbio, diventare più consapevoli e imparare queste abilità è molto utile e gratificante, non è solo un'opzione di trattamento per coloro che sono afflitti da un disturbo mentale. Imparare ad agire con saggezza nonostante i nostri sentimenti irrazionali ed essere più attenti a noi stessi e alle cose che ci circondano, ci porterà sicuramente più felicità e soddisfazione. Coltivare la nostra capacità di essere consapevoli di ogni momento della nostra vita, è una pratica benefica che può aiutarci a gestire meglio i sentimenti e i pensieri negativi che possono causare ansia e stress.

Attraverso la pratica regolare di esercizi di consapevolezza, non cederai facilmente alle cattive abitudini e non sarai influenzato dalla paura del futuro e dalle esperienze negative del passato, ma potrai finalmente sviluppare la tua capacità di impostare la tua mente nel presente e gestire le sfide della vita in modo deciso, ma tranquillo.

Potrai, a tua volta, rimodellare il tuo cervello per imbri-

gliare una mentalità completamente cosciente e libera dalla
schiavitù di schemi di pensiero autolimitanti, che ti permet-
teranno di essere totalmente presente per concentrati sulle
emozioni positive che potrebbero accrescere la tua compassione e finalmente comprendere te stesso e le persone che ti
circondano.

CAPITOLO 10: GUIDA PER ADOLESCENTI CONTRO L'ANSIA

CONSAPEVOLEZZA DEL RESPIRO

Quando si possiede il controllo del proprio respiro, nessuno può rubarti la pace.

Durante questo esercizio di respirazione in due parti, ti eserciterai ad essere consapevole del tuo respiro naturale. Imparerai e praticherai una tecnica di base della respirazione.

Consapevolezza

Usando questa tecnica di respirazione, concentrerai la tua attenzione su una cosa: il respiro.

- Siediti o sdraiati in un posto comodo e tranquillo. Rilassati e chiudi gli occhi. Metti la mano sinistra appena sotto l'ombelico e la destra sopra il cuore. Inspira ed espira con respiri calmi e costanti. Tutto il respiro passa attraverso il naso, mantenendo le labbra sigillate.

- Impara a sentire il tuo respiro mentre entra ed esce dal tuo corpo. Non cercare di controllarlo in alcun modo. Non diventare ansioso e non sentire il bisogno di reagire. Osserva semplicemente il tuo respiro e le sensazioni e, sappi che non sei nessuna delle due cose. Piuttosto, tu sei quello spazio tra il pensiero e la sensazione, lo spazio yoga chiama il tuo vero sé.
- Cambia la tua postura e ripeti l'esercizio sdraiato in posizione supina.

MANTRA PER CALMARE L'ANSIA

Esercitati a pronunciare i mantra ad alta voce.

- Sono capace.
- So chi sono e sono abbastanza. Sarò presente in tutto ciò che faccio.
- Scelgo di pensare a quello che mi fa bene.
- Raggiungerò la serenità.
- Condivido la mia felicità con chi mi circonda.
- Il mio corpo è il mio veicolo nella vita. Lo riempirò di bontà.
- Mi sento energico e vivo.
- La mia vita si sta svolgendo meravigliosamente.
- Sono fiducioso.
- Osservo sempre prima di reagire.
- So che con il tempo e lo sforzo posso farcela.
- Amo le sfide e le cose che imparo superandole.
- Ogni passo del mio cammino mi porta più vicino a dove voglio essere.

Esercitati a parlare a te stesso in prima persona, esempio: "Sono capace" e in terza persona, esempio: "Michele è capace."

IDENTIFICARE E CAMBIARE IL PARLARE DI SÉ IN NEGATIVO

Identifica un pensiero o una frase negativa, poi trasformala in positiva. Dovrebbe riflettere la persona che vuoi diventare e la vita che vuoi vivere.

Respira ancora

Questo esercizio, è particolarmente utile quando si ha la sensazione di respirare a fondo, ma non si riesce a far entrare aria nei polmoni. Riesci ad esclamare che non riesci a respirare e niente di ciò che fai sembra toglierti quella pressione dallo stomaco. Prima di tutto, se stai parlando, allora stai respirando, dato che parliamo spingendo l'aria attraverso la nostra cassa toracica e sopra le nostre corde vocali per produrre suoni che poi vengono modellati dalla bocca e dalla lingua.

Il problema qui, è che hai respirato troppo ossigeno e anche se il tuo corpo ne ha in abbondanza, ti senti ancora stordito come se ti fosse stato tolto il respiro. Il tuo stesso panico ti sta mandando in un circolo vizioso di respirazione troppo forte per prendere un po' d'aria, seguito dal tuo cervello che invia segnali di panico, poiché ti senti ancora stordito, seguito da un'ulteriore respirazione forte per correggere la situazione nel tuo corpo e così via.

Quello di cui avresti bisogno è, invece, di aumentare il livello di anidride carbonica nel flusso sanguigno per farti scendere da quell'alto livello di ossigeno e aiutarti a normalizzarti più velocemente. Per questo esercizio, ti servirà un sacchetto di plastica o di carta. Se non ce l'hai a portata di mano, procuratelo, perché ti aiuterà meglio con l'esercizio.

- Copri la bocca e il naso con le mani. Se hai un fazzoletto o qualcosa in tasca, puoi usarlo per formare un sigillo migliore. Tuttavia, qualunque cosa usi, ricordati di coprire la bocca e il naso insieme, altrimenti è inutile.
- Fai un respiro profondo attraverso il naso contando fino a sei lentamente. Fare un respiro più lungo, evita di peggiorare ulteriormente la situazione continuando a respirare allo stesso ritmo. Se ti senti come se non riuscissi a regolare il ritmo di respirazione, allora, procedi con l'esercizio a qualsiasi ritmo il tuo panico ti permetta di farlo, fino a quando non senti di aver riacquistato almeno un po' di controllo.
- - Il panico potrebbe non permetterti di trattenere il respiro, quindi, espira fino a sei, lentamente attraverso il naso. Di nuovo, se senti di non riuscire a controllarlo, allora procedi a qualsiasi ritmo tu riesca, fino a quando non riacquisterai un po' di controllo.
- Appena finisci di espirare, inspira tenendo la mano ben stretta sopra la bocca e il naso. Questo, dovrebbe permetterti di inspirare di nuovo almeno un po' dell'anidride carbonica che hai appena espirato.
- Qualunque sia il ritmo che senti di poter respirare, continua l'esercizio fino a quando non inizi a sentire di avere il controllo. Inspira direttamente dopo ogni espirazione senza alcuna pausa, in modo da darti la migliore possibilità di respirare più anidride carbonica. È necessario

riciclare l'aria viziata, in modo da poter
aumentare i livelli di anidride carbonica più
velocemente senza peggiorare il problema con
una maggiore iper-ossigenazione. Ecco perché
un sacchetto funziona meglio in queste
situazioni.

* Se sei incline a sentirti così di tanto in tanto, tieni
sempre con te un sacchetto di carta o di plastica.

Respirazione visualizzata

Questo esercizio, richiede un po' più di visualizzazione e
funziona meglio in un ambiente tranquillo, tuttavia, finché
non si guida o non si svolge alcuna attività che richieda una
concentrazione immediata e incrollabile, è possibile chiu-
dere gli occhi per qualche secondo o mezzo minuto e prati-
carlo ovunque, se ti senti stressato e hai bisogno di rilassarti

* Chiudi gli occhi. Nell'oscurità, dietro i tuoi occhi
chiusi, immagina di guardare te stesso come un
contorno vuoto su uno sfondo scuro. L'unica cosa
all'interno di quel contorno, dovrebbe essere
un'immagine animata del tuo cervello. Se sei
arrabbiato, immagina il tuo cervello avvolto in
una nebbia di gas rosso e se sei solo stressato o
ansioso - immagina che sia una nebbia nera di
gas, che vortica e si riempie dentro la tua testa.
* Tenendo gli occhi chiusi, fai un respiro profondo
attraverso il naso, contando fino a 5. Inspira
attraverso lo stomaco, come abbiamo già detto,
piuttosto che attraverso il petto. Immagina il
respiro che stai prendendo, come un gas di colore
verde o blu, qualunque sia il colore che ti calma
di più. Mentre inspiri, immagina che quel gas

calmante entri nella tua testa, invece che nei polmoni e si mescoli con il gas già presente.

- Invece di trattenere il respiro, espira lentamente attraverso la bocca per cinque secondi. Questa volta, immagina piuttosto che l'altro gas - rosso o nero - venga espirato. Mentre lo immagini, senti la tua rabbia o lo stress, diminuire lentamente, ma in modo percettibile mentre si scarica fuori di te. L'obiettivo, è quello di sostituire lentamente quel gas nero o rosso all'interno della tua testa, con quello calmante che inali da tutto ciò che ti circonda.

- Continua a ripetere questo esercizio e visualizza quel gas lenitivo verde o blu che sostituisce quello più scuro nella tua testa, fino a quando non avrai sostituito tutto e ti sentirai più calmo. Tieni gli occhi chiusi durante l'esercizio e concentrati sul suono e sul ritmo del tuo respiro, insieme alla visualizzazione. Anche se questo dovesse richiedere circa 10-15 minuti, quando si inizia a praticare questo esercizio per la prima volta, lentamente sarai in grado di portarti a uno stato in cui 30 secondi, saranno sufficienti per aiutarti a sentirti più rilassato, soprattutto se sei fuori e non sei in grado di dedicarci 10 minuti.

Anche se ci sono molti altri esercizi, quelli che ho inserito in questo libro, non richiedono una pratica o conoscenza precedente della respirazione e possono essere comodamente messi in pratica, anche dai principianti. Ti aiuteranno molto a combattere i demoni dell'ansia e dello stress, senza bisogno di un aiuto esterno.

CAPITOLO 11: GUIDA PER ADULTI CONTRO L'ANSIA

MEDITAZIONE CONSAPEVOLE

Durata: 15 minuti

Andiamo dritti al punto per darti le basi della meditazione mentale. Questo esercizio contiene tutti i fondamenti. Puoi tornare su questo esercizio, più e più volte, mentre continui ad imparare.

Quando si impara la meditazione consapevole, ci sono alcune cose fondamentali a cui si dovrebbe prestare particolare attenzione. La prima, è il modo in cui si sta seduti, che può essere sul pavimento, su un cuscino o su una sedia e la colonna vertebrale deve essere dritta, ma rilassata. La cosa successiva da fare è trovare il tuo respiro, ovunque tu ne sia più consapevole e semplicemente osservarlo, senza cercare di alterarlo. Infine, sposterai l'attenzione sul tuo respiro nel naso o nella zona delle narici. Proviamo.

Svolgimento

- Trova un posto comodo per sederti, dove non sarai disturbato e dove potrai concentrarti sull'esercizio, idealmente per i prossimi 10-15 minuti.
- Siediti con la spina dorsale abbastanza dritta, ma rilassata. Puoi sederti con gli occhi aperti o chiusi, come preferisci.
- Respira normalmente, notando dove si trova il respiro e, poi, porta l'attenzione sul respiro.
- Sii consapevole del tuo respiro e seguilo mentre inspiri ed espiri.
- Se o quando i tuoi pensieri vagano, riporta l'attenzione sul tuo respiro.
- Continua a concentrarti sul tuo respiro, magari stando seduto per tre minuti la prima volta, poi, fai una breve pausa e siediti di nuovo per cinque minuti, la seconda volta. Se te la senti, fai un'altra brevissima pausa e poi siediti di nuovo per altri cinque minuti.
- Congratulati con te stesso e prosegui la tua giornata. Potresti trovare utile prendere appunti su quando hai meditato, per quanto tempo e come è andata.

SCOPRI IL PENSATORE

Durata: 15 minuti

In questo esercizio, ci concentreremo sul soddisfare la tua mente.

Ricordo distintamente quando mi stavo allenando per la prima volta nella meditazione mentale, c'è stato un cambiamento interiore in cui ho preso coscienza del mio pensiero e della mia mente. Non è stato come se non avessi avuto pensieri o non ne fossi stato consapevole prima, ma in quel momento, sono diventato molto consapevole della mia mente e dei pensieri che la attraversavano. Potevo cominciare ad osservarli e a lavorare con loro. All'inizio, è stato un po' strano e sorprendente, ma molto utile. Ecco cosa intendo per "scoprire il pensatore."

Svolgimento

- Trova un posto comodo per sederti dove poterti concentrare indisturbato.
- Siediti con la spina dorsale abbastanza dritta e gli occhi aperti o chiusi, a seconda di quale dei due ti viene più facile.
- Respira normalmente, notando dove si trova il respiro e, poi, porta l'attenzione sul tuo respiro.
- Sii consapevole del tuo respiro e seguilo mentre inspiri ed espiri.
- Comincia ad essere consapevole e presta attenzione ai tuoi pensieri e alla loro natura discorsiva o serpeggiante.
- Cerca di diventare consapevole dei pensieri e della loro provenienza. Se ci riuscirai, allora scoprirai la tua mente. Potrebbero essere necessari diversi tentativi. Rimani in questa fase, mentre cerchi i tuoi pensieri nella tua mente. Se non ci riesci, potrai tornarci di nuovo più tardi.
- Siediti ancora un po' e lascia andare tutto. Fai semplicemente attenzione al respiro, stai seduto ancora per un po' e poi prenditi qualche momento per passare lentamente dalla meditazione.

OSSERVARE SENZA GIUDICARE

Durata: 20 minuti

Stiamo imparando importanti nozioni di base, come sederci, tenere la schiena dritta, ma rilassata, essere consapevoli del nostro respiro e focalizzarlo e iniziare a localizzare la nostra mente restando consapevoli dei nostri pensieri. Questo passo segue logicamente quello che abbiamo appena fatto nel diventare consapevoli della nostra mente e del nostro pensiero. Siamo abituati a lasciarci trasportare da pensieri casuali, discorsivi e incessanti: ora faremo un passo indietro ed esamineremo come i nostri pensieri siano spesso di natura molto critica e giudicante.

Svolgimento

- Trova un posto comodo dove sederti e poterti concentrare indisturbato.
- Siediti con la spina dorsale dritta, ma rilassata, con gli occhi aperti o chiusi.
- Respira normalmente e poi porta l'attenzione sul tuo respiro.
- Sii consapevole del tuo respiro e seguilo mentre inspiri ed espiri.
- Comincia ad essere consapevole e presta attenzione ai tuoi pensieri e alla loro natura discorsiva.
- Diventa consapevole dei tuoi pensieri e dei giudizi che sono coinvolti. I giudizi sono su di te, sugli altri o su entrambi? Quali sono i pensieri critici che stai avendo e come ti fanno sentire?
- Puoi semplicemente fare osservazioni e i pensieri senza giudicare? Puoi osservare i pensieri e notare se sono critici e, se lo sono, mettere in pausa e fermare le critiche? Puoi darti un po' di

spazio o fare un passo indietro (in senso figurato) e limitarti ad osservare le cose senza giudicare? Questo è l'obiettivo. Provalo più volte, con brevi pause nel mezzo. Se ti trovi a giudicare, prendi nota, lascia perdere e torna alla meditazione.

- Siediti ancora un po' e lascia andare tutto. Fai semplicemente attenzione al respiro. Resta seduto ancora un po' e poi esci lentamente dalla meditazione.
- Potresti voler prendere alcune note, come dove e quando la meditazione è avvenuta, quanto tempo ci è voluto, quali pause hai fatto e cosa hai notato mentre le facevi.

NON TROPPO STRETTO, NON TROPPO LARGO

Durata: 20 minuti

Il passo successivo è molto importante per imparare la meditazione mentale, perché impareremo e praticheremo come focalizzare la nostra mente, usando la giusta quantità di sforzo. Troppa concentrazione e ci viene il mal di testa o ci confondiamo, ci allentiamo troppo e perdiamo la concentrazione e ci allontaniamo o ci addormentiamo. Mi ci è voluto un po' di tempo per abituarmi a questa situazione, infatti, quando stavo imparando, mi veniva spesso il mal di testa. Il mio istruttore di meditazione mi lodava per il mio "forte sforzo", tuttavia, avrei voluto che mi avesse fatto notare che la mia concentrazione era troppo forte, che stavo esagerando e che questo era la causa dei miei mal di testa e che avevo bisogno di rilassarmi un po'. Proprio come le corde di uno strumento musicale, dovrebbero essere "non troppo strette e non troppo allentate", la giusta dose di concentrazione è un'abilità molto importante da imparare nella meditazione consapevole. Vogliamo che lo sforzo sia sufficiente a tenerci concentrati, ma anche rilassati e a dare spazio alla migliore esperienza di meditazione. Non scoraggiarti se non hai un successo immediato, perché continueremo a lavorare su questo.

Svolgimento

- Trova un posto tranquillo dove sederti e dove poterti concentrare indisturbato.
- Siediti con la spina dorsale piuttosto dritta e rilassata con gli occhi aperti o chiusi.
- Respira normalmente, inizia a calmarti e porta l'attenzione sul tuo respiro.
- Nota e segui il tuo respiro mentre inspiri ed espiri.
- Guarda quanto sforzo è necessario per rimanere concentrato sul tuo respiro. Ti distrai facilmente? Trovi che la tua mente si allontani continuamente? In caso affermativo, cerca di aumentare lo sforzo e di mantenere la concentrazione. Continua a farlo mentre inizi a stabilizzare la tua mente.
- Una volta che avrai stabilizzato la tua attenzione, rimani così e concentrati sul respiro per tutta la durata dell'esercizio. A questo punto, potrai allontanare un po' la forte concentrazione e aumentare la facilità di messa a fuoco. Continua a lavorare con questa intersezione di sforzo e facilità di messa a fuoco o attenzione. L'ideale, è avere una messa a fuoco stabile e facile allo stesso tempo. Potrai alternare questo esercizio con brevi pause.

- Infine, lascia andare tutto questo. Torna semplicemente al respiro per un breve periodo e poi concludi la sessione di pratica. Prendi appunti se lo desideri.

GLI OCCHI: FINESTRA SULLA SAGGEZZA

Durata: 15 minuti

La meditazione mentale occidentale, si fa generalmente ad occhi chiusi. Uno dei motivi principali è che, soprattutto all'inizio, gli studenti devono ridurre al minimo le loro distrazioni e la chiusura degli occhi è un ottimo modo per ridurre la stimolazione esterna. Il principale svantaggio, è che le persone possono anche rilassarsi troppo o dormire. Quando gli occhi sono "metà aperti o metà chiusi", le distrazioni esterne si riducono, ma c'è ancora un certo orientamento verso il mondo esterno, mentre, con gli occhi aperti, si tende a rimanere più attenti e orientati, anche se ci sono più possibilità di distrazioni esterne. Da una prospettiva di meditazione superiore, tuttavia, nel Vajrayana si dice che gli occhi sono la porta di accesso alla saggezza superiore e che dovremmo imparare a meditare con gli occhi aperti. Personalmente ho verificato, che questo sia il caso per tale esercizio e che impedisce anche di appisolarsi. Inoltre, con gli occhi aperti, si può integrare meglio lo stato meditativo in tutti gli aspetti della vita.

Svolgimento

- Trova un posto tranquillo dove sederti, libero da distrazioni. Spesso è utile utilizzare lo stesso posto all'inizio.

- Siediti con la spina dorsale dritta, ma rilassata e gli occhi chiusi.
- Respira normalmente e sistemati mentre porti l'attenzione sul tuo respiro.
- Osserva il tuo respiro e fai attenzione mentre inspiri ed espiri.
- Fai 5 minuti di meditazione. Fai attenzione a come ti senti e agli eventuali benefici o effetti collaterali negativi della chiusura degli occhi.
- Dopo 5 minuti, fai una pausa e riposa per 1 minuto, poi fai altri 5 minuti di meditazione con gli occhi socchiusi. Fai una pausa e nota come ti senti e gli eventuali effetti collaterali.
- Infine, siediti con gli occhi completamente aperti per cinque minuti. Come per le altre due meditazioni, fai attenzione ai benefici e alle difficoltà, in particolare, in relazione agli occhi aperti. Se vuoi, puoi prendere appunti su ciò che hai imparato.

SEDERSI CON L'EMOZIONE PER DIMINUIRE LA PREOCCUPAZIONE

Durata: 5 minuti

Un modo per smettere di preoccuparsi incessantemente è spostare l'attenzione su ciò che l'emozione porta con sé. Spesso si tratta dell'emozione di fondo che alimenta la preoccupazione dilagante, quindi, spostare l'attenzione dai pensieri di preoccupazione, al semplice essere consapevoli dell'emozione che l'accompagna, farà diminuire significativamente l'ansia e la preoccupazione.

Svolgimento

- Quando ti renderai conto di essere in preda a pensieri preoccupanti, quello sarà il momento ideale per fare questo esercizio.
- Nota quali sono i pensieri di preoccupazione o qual è la storia che ti preoccupa.
- Qual è l'emozione che accompagna questo esercizio?
- Identifica l'emozione e sii consapevole, sentila. Continua per tutto il tempo che hai o per tutto il tempo che ci vuole.
- Puoi sempre tornare su questo argomento più tardi. Nota come l'ansia e il rimuginare si attenuano quando fai questo esercizio.

COLLEGA GLI OBIETTIVI ALLE TUE PASSIONI

1. Scrivi la tua visione.
2. Rivisita la tua vita.
3. Indaga su te stesso.
4. Inizia a leggere.
5. Restringi la ricerca.
6. Trova un mentore.
7. Fai brainstorming e scrivi.
8. Fai la prima azione.
9. Considera altre persone.
10. Risparmia denaro.

CONCLUSIONI

Ora che sei arrivato alla fine di questo libro, spero che tu abbia capito come iniziare a superare lo stress e l'ansia una volta per tutte, oltre a mettere in pratica una strategia (o due o tre), che sei ansioso di provare per la prima volta. Prima di andare avanti e iniziare a dare il massimo, tuttavia, è importante che tu abbia aspettative realistiche sul livello di successo che dovresti aspettarti nel prossimo futuro.

Anche se è vero che alcune persone riescono fin da subito, accade, che queste siano l'eccezione piuttosto che la regola. Questo vuol dire che ci vorrà del tempo per apprendere le tecniche e imparare a gestire la tua ansia, soprattutto quando cerchi di capire cosa funziona meglio per te. Invece di alimentare le tue speranze fino a un livello irrealistico, dovresti pensare al tempo trascorso a migliorare la tua salute mentale, come a una maratona piuttosto che a uno sprint, il che significa che lentamente e costantemente vincerai la gara ogni singola volta.

Sebbene la meditazione sia una pratica popolare attualmente, la maggior parte di noi non si esercita in modo efficiente, con la scusa di non trovare il tempo. Per impostare questo come un'abitudine, la regolarità è significativa. Non importa se il nostro stile di vita ci tiene occupati, la meditazione mostrerà i suoi risultati e si rivelerà progressivamente utile e praticabile dopo un certo periodo di tempo. Trovando il tempo per praticarla, riuscirai a mandare via le preoccupazioni dell'intera giornata. La coerenza è la chiave: provare regolarmente, in uno spazio fisico che vedi spesso, spingerà il tuo cervello a mantenere questa responsabilità individuale.

La meditazione è qualcosa che deve essere praticata, se si vuole avere successo nella vita e diventerà possibile solo grazie al tempo che ci si investe, ecco perché la pratica è così importante: concentrarsi su ciò che è necessario realizzare e valorizzare, è l'approccio più ideale per provare adeguatamente.

In ogni caso, arriva un punto in cui la tua sessione di allenamento può rivelarsi troppo dispersiva per poter essere utile. Concentrandoti sui tuoi obiettivi durante l'allenamento, sarai notevolmente più redditizio con il tuo tempo e acquisirai familiarità molto più rapidamente.

Molte persone ignorano gli orari, perché preferirebbero essere spontanei e non prendersi impegni aggiuntivi, accettare le cose come stanno ed essere liberi di gestire il proprio tempo, tuttavia, una pratica quotidiana può migliorare il benessere generale, la prosperità e l'efficienza.

Ci sono numerosi approcci per creare un programma giornaliero, ma la linea guida principale è quella di farlo funzionare per te.

Ecco alcuni suggerimenti per mantenere un programma giornaliero:

1. Impostare un piano di meditazione

Questa progressione sembra facile, na è fondamentale. Uno dei passi più significativi verso la propensione a fare qualcosa giorno per giorno, in particolare la contemplazione, è quello di farlo secondo una tabella di marcia prestabilita.

Stabilisci un programma giornaliero per la tua sessione di meditazione e attieniti ad esso, qualunque cosa accada. Se qualcosa disturba il flusso generale, fai in modo che la tua sessione venga riprogrammata e recuperata il più rapidamente possibile.

2. Creare uno spazio dedicato alla meditazione

Creare uno spazio dedicato alla meditazione può essere fondamentale, come liberare il lato di una stanza dal disordine e mettere un cuscino: indipendentemente dal fatto che si tratti di un'intera stanza, di un angolo o di un altro luogo, la cosa più significativa è, che si espelli ogni diversivo immaginabile e non si trovi nulla in questo spazio a parte ciò che è essenziale.

3. L'inizio dei 60 secondi

Inizialmente, stai seduto per soli sessanta secondi e gradualmente supera il tempo.

Lo sforzo più significativo per fare della meditazione, una routine quotidiana, è semplicemente quello di sedersi ogni giorno, indipendentemente da quanto tempo ci si siede.

4. Mantenere la calma

Aiutati quando cerchi di fare della meditazione un compito quotidiano e rendilo semplice. Metti da parte gli sforzi e mantieni un programma giornaliero per il riposo, il mangiare e l'esercizio fisico. Tieni a mente che questa è la tua vita e dovrai farlo nel modo che funziona meglio per te.

La meditazione, è qualcosa che ci fa guadagnare nel momento presente. È una profonda connessione con la mente, attraverso un'elevata coscienza di sé, insieme a tutto ciò che ci circonda. La pratica regolare della meditazione, mostrerà risultati brillanti.

IL TUO BONUS!

Scansiona il QR Code visibile qui sotto per ottenere il Workbook Emotivo

o copia e incolla il seguente indirizzo:
https://t.ly/z1xYP